CONGRÈS INTERNATIONAL

DES

ŒUVRES D'ASSISTANCE

EN TEMPS DE GUERRE,

TENU A PARIS LES 17, 18, 19 ET 20 JUILLET 1889

PARIS

LIBRAIRIE L. BAUDOIN & C° | LIBRAIRIE J.-B. BAILLIÈRE & FILS
ÉDITEURS | ÉDITEURS
Rue et passage Dauphine, 30 | Rue Hautefeuille, 18

1890

CONGRÈS INTERNATIONAL

DES

ŒUVRES D'ASSISTANCE

EN TEMPS DE GUERRE,

TENU A PARIS LES 17, 18, 19 ET 20 JUILLET 1889

PARIS

LIBRAIRIE L. BAUDOIN & Ce | LIBRAIRIE J.-B. BAILLIÈRE & FILS
ÉDITEURS | ÉDITEURS
Rue et passage Dauphine, 30 | Rue Hautefeuille, 18

1890

Parmi les Congrès internationaux qui se sont succédé à Paris, au cours de l'Exposition universelle de 1889, celui qui avait pour objet les OEuvres d'assistance en temps de guerre, a fixé vivement l'attention du grand nombre de personnes qui suivent avec intérêt le progrès d'institutions dont le développement marche de pair, dans presque tous les pays, avec l'extension des moyens militaires, et qui tiennent partout une place de plus en plus large dans le champ d'action de la charité privée.

Indépendamment de questions qui rentrent d'une manière plus directe dans le cadre de la Convention de Genève, et qui avaient été abordées déjà dans les Conférences internationales des Sociétés de la Croix-Rouge, le Congrès de 1889 a porté ses investigations sur d'autres questions se rattachant au même ordre d'intérêts, et qui se recommandent également à la sollicitude générale. Les unes et les autres ont fait l'objet de rapports spéciaux qui ont été mis entre les mains des membres du Congrès, et qui ont été résumés ensuite devant l'Assemblée, par leurs auteurs, pour servir de base aux discussions. Ces résumés, avec l'analyse des observations qui ont été échangées sur les divers points et le texte des vœux adoptés, ont été insérés dans le recueil des procès-verbaux des séances du Congrès, que la Direction générale de l'Exposition universelle a fait paraître.

Le Comité d'organisation du Congrès a jugé utile de reproduire, dans une publication nouvelle, le contenu intégral des rapports, dans l'ordre où les questions ont été discutées, et il a fait entrer également dans cette publication plusieurs communications importantes qui n'avaient pu trouver place dans le compte rendu sommaire. Le public pourra se former ainsi une idée assez complète des travaux du Congrès, et on est en droit d'espérer que l'œuvre à laquelle celui-ci a appliqué ses efforts en retirera quelques avantages.

COMITÉ D'ORGANISATION (1).

PRÉSIDENT D'HONNEUR.

MM. Larrey (le baron), médecin inspecteur en retraite, ancien président du
Conseil de santé des armées, membre de l'Académie des sciences et
de l'Académie de médecine, vice-président de la Société française de
secours aux blessés militaires.

PRÉSIDENT.

M. De Vogüé (le marquis), vice-président honoraire de la Société française
de secours aux blessés militaires, membre de l'Institut.

VICE-PRÉSIDENTS.

MM. Riant (le docteur A.), vice-président de la Société française de secours
aux blessés militaires.
Romberg (Édouard), ancien directeur général au Ministère de l'intérieur
de Belgique, membre du comité de la Société internationale de secours pour les prisonniers de guerre (1870-1871).

SECRÉTAIRE GÉNÉRAL.

M. Renault (Louis), professeur de droit des gens à la Faculté de droit de
Paris et à l'École des sciences politiques, vice-président de l'Institut
de droit international.

SECRÉTAIRES.

MM. Jossé, chef d'escadron d'artillerie, breveté d'état-major, détaché au
1er bureau de l'état-major général du Ministre de la guerre.
Romberg-Nisard (A.), docteur en droit.

MEMBRES DU COMITÉ.

MM. De Beaufront (le comte), secrétaire général de la Société française de
secours aux blessés militaires.
Blount (Henri), membre du comité de la Société internationale de
secours pour les prisonniers de guerre (1870-1871).

---

(1) Le Comité d'organisation a été constitué par arrêtés ministériels des 19 et 20 avril 1889.
Il a nommé son bureau dans la séance du 8 mai 1889.

Bouloumié (le docteur), secrétaire général de l'Union des femmes de France.

Mme Cahen (Coralie).

MM. Delacrose, commissaire adjoint de la marine, chef du secrétariat particulier du Ministre de la marine.

Dubrisay (le docteur), membre du Conseil supérieur de l'Assistance publique.

Duchaussoy (le docteur), secrétaire général de l'Association des dames françaises.

Dujardin-Beaumetz, médecin inspecteur, directeur du Service de santé au Ministère de la guerre.

Durand-Dassier.

Marre (Jacob de), chef d'escadron d'artillerie de marine, attaché à l'inspection de l'arme.

Mme Koechlin-Schwartz, présidente de l'Union des femmes de France.

MM. Le Fort (le docteur Léon), membre de l'Académie de médecine, professeur à la Faculté de médecine.

Likhatchoff (l'amiral Ivan).

Mézières, député, membre de l'Académie française.

Mme Napias, secrétaire du conseil d'administration de l'Union des femmes de France.

MM. Perraud, évêque d'Autun, membre de l'Académie française, membre du comité de la Société internationale de secours aux prisonniers de guerre (1870-1871).

Pescii, sous-intendant militaire de 3e classe, à Paris, breveté d'état-major.

Quévillox, chef de bataillon au 119e régiment d'infanterie, breveté d'état-major.

Rochard (le docteur J.), membre de l'Académie de médecine, ancien directeur des services de santé de la marine.

Sicomé, avocat.

Singer, publiciste.

Trarieux, sénateur.

CIRCULAIRE

DU COMITÉ D'ORGANISATION.

Paris, le 16 mai 1889.

Les questions relatives aux institutions d'assistance en temps de guerre tiennent, depuis la signature de la Convention de Genève, une large place dans les préoccupations générales et dans l'activité charitable.

La constitution des armées modernes, qui met en mouvement des masses innombrables et fait appel à toutes les forces vives des pays belligérants, rendait nécessaire la refonte des institutions sanitaires. Les services de santé militaires se sont reconstitués, dans chaque pays, sur des bases plus larges, et ont partout, par la puissance d'une organisation rajeunie, par l'application des nouvelles méthodes chirurgicales, assuré aux blessés sur le champ de bataille une assistance plus prompte et plus efficace. A côté d'eux et sous leur direction, se sont fondées, dans chaque pays, des Sociétés de secours dont le fonctionnement, réglé par la loi, complète leur action et ouvre à l'assistance volontaire le champ le plus étendu.

Enfin, l'assistance internationale a été créée, sous l'impulsion du Comité de Genève, et a donné un des plus consolants spectacles que notre siècle ait offerts.

Des conférences internationales, auxquelles prennent part les représentants des Gouvernements signataires de la Convention de Genève et les délégués des Sociétés de secours légalement constituées, se réunissent à des intervalles réguliers pour étudier les questions communes : c'est ainsi qu'ont été successivement fixés les principes de la Croix rouge, réglés les rapports des Sociétés entre elles, résolus d'importants problèmes d'ordre scientifique et technique. Sans vouloir empiéter sur le rôle attribué par les Gouvernements et Sociétés intéressés, à ces conférences périodiques, on a pensé que l'Exposition universelle de 1889 pourrait être l'occasion d'une réunion spéciale et utile. L'assistance en temps de guerre comprend des questions qui ne sont pas d'ordre strictement sanitaire : les victimes de la guerre moderne ne sont pas seulement les blessés et les malades militaires; bien d'autres souffrances sont causées par l'état de guerre et réclament un soulagement. On a pensé qu'il serait possible de profiter du mouvement d'hommes et d'idées créé par l'Exposition de Paris pour provoquer l'étude de ces questions. A cet effet, M. le ministre du commerce, commissaire général de l'Exposition, nous a chargés d'organiser un Congrès où tous les hommes signalés par leur compétence charitable ou professionnelle seraient invités à venir échanger leurs idées, mettre en commun leur dévoùement et leurs lumières, au grand profit de la science et de la confraternité humaine.

Pour répondre à cet appel, nous avons rédigé un programme et arrêté des dispositions réglementaires, dont nous vous adressons un exemplaire. Nous serions heureux d'obtenir votre adhésion et nous vous serions reconnaissants, si vous voulez bien nous l'accorder, de nous l'adresser le plus tôt possible.

Veuillez agréer l'assurance de notre considération très distinguée.

Le Bureau du Comité d'organisation :

Le Président d'honneur,
Baron LARREY.

Le Président,
Marquis DE VOGÜÉ.

Les Vice-Présidents,
Ed. ROMBERG.
Dr RIANT.

Le Secrétaire général,
Louis RENAULT.

Les Secrétaires,
Commandant JOSSE.
A. ROMBERG-NISARD.

Le Trésorier,
DELACROSE.

PROGRAMME

DES TRAVAUX DU CONGRÈS.

1º Moyens propres à mieux faire connaître et à étendre les œuvres d'assistance en temps de guerre. — Propagande. — Préparation en temps de paix du personnel et du matériel des sociétés de secours. — Instruction théorique et pratique. — Certificats d'aptitude.

Rapporteur : M. le docteur RIANT, vice-président de la Société française de secours aux blessés militaires.

2º Rôle des sociétés privées dans l'assistance des prisonniers de guerre. — Envoi et distribution, sous le contrôle de l'autorité militaire, de secours en habillements, linge, livres, etc. — Introduction de ces objets en franchise de droits. — Exemption des taxes postales pour les lettres, mandats et articles d'argent, pour les prisonniers, blessés et malades. — Bureaux de renseignements.

Rapporteur : M. Ed. ROMBERG, membre de la Société internationale de secours pour les prisonniers de guerre (1870-1871).

3º Assistance à donner aux femmes et aux enfants des soldats mobilisés en temps de guerre.

Rapporteur : M. le sous-intendant militaire PESCH, breveté d'état-major.

4º Assurances destinées à fournir immédiatement un capital aux veuves et enfants des militaires morts à la guerre.

Rapporteur : M. le commandant JOSSE, breveté d'état-major.

5º Progrès accomplis depuis vingt ans dans les soins donnés aux blessés et malades des armées en campagne.

Rapporteur : M. le docteur BOULOUMIÉ, secrétaire général de l'Union des femmes de France.

6º Assainissement des champs de bataille.

Rapporteur : M. le docteur SCHNEIDER, médecin-major de 2ᵉ classe, attaché à la Direction du service de santé au Ministère de la guerre.

7° Quelles sont, dans l'état actuel de la science, les conditions générales que doit remplir le matériel d'hospitalisation ?

Rapporteur : M. le docteur DUCHAUSSOY, secrétaire général de l'Association des dames françaises.

RÈGLEMENT GÉNÉRAL.

Article premier.

Le Congrès international des œuvres d'assistance en temps de guerre, institué par arrêté de M. le Président du Conseil, Ministre du commerce, de l'industrie et des colonies, Commissaire général de l'Exposition universelle de 1889, en date du 19 avril 1889, se tiendra à Paris à partir du mercredi 17 juillet 1889.

Il s'ouvrira ledit jour au Palais du Trocadéro. Les autres séances auront lieu à l'École des sciences politiques, rue Saint-Guillaume, 27.

Art. 2.

La durée du Congrès sera de quatre jours.

Art. 3.

Le Congrès se composera des personnes qui auront envoyé leur adhésion avant le 15 juillet et qui auront versé une cotisation de 10 francs.

Art. 4.

Les membres du Congrès pourront seuls prendre part à ses travaux. Une carte personnelle leur sera délivrée par les soins du secrétariat du Comité d'organisation.

Art. 5.

Le Congrès sera consacré à l'étude des questions se rattachant à l'assistance en temps de guerre, dont le programme aura été arrêté par le Comité d'organisation.

Art. 6.

Sur les diverses questions du programme, un rapport sommaire sera présenté au Congrès par les soins du Comité d'organisation. Ce rapport servira de base à la discussion, qui sera suivie, s'il y a lieu, de résolutions ou de vœux.

Il sera rendu compte, soit dans les rapports dont il vient d'être parlé, soit dans des rapports spéciaux, des mémoires relatifs aux questions du programme qui auraient été adressés au Comité d'organisation avant le 20 juin.

Art. 7.

Les travaux du Congrès seront dirigés par un bureau dont les membres seront élus lors de la première séance.

Ce bureau sera ainsi composé :

1° Un président ;
2° Quatre vice-présidents ;
3° Un secrétaire général ;
4° Deux secrétaires.

Le nombre des vice-présidents et des secrétaires pourra être augmenté.

Art. 8.

Le Comité d'organisation pourra désigner des présidents et des vice-présidents d'honneur.

Art. 9.

Un règlement intérieur, arrêté par les soins du Comité d'organisation, fixera le fonctionnement des travaux du Congrès.

SÉANCE D'OUVERTURE

le mercredi 17 juillet 1889.

Le mercredi 17 juillet 1889, le Congrès international des Œuvres d'assistance en temps de guerre s'est réuni au palais du Trocadéro, sous la présidence provisoire de M. le marquis de Vogüé, de l'Institut, président du Comité d'organisation du Congrès, assisté de MM. le baron Larrey, président d'honneur, Dr Riant, Ed. Romberg, vice-présidents; Louis Renault, secrétaire général; Romberg-Nisard et Josse, secrétaires du Comité d'organisation du Congrès.

M. le marquis DE VOGÜÉ prend la parole et déclare le Congrès ouvert. Après avoir souhaité la bienvenue aux délégués étrangers qui ont bien voulu se rendre à Paris pour y prendre part, il explique l'origine et le but du Congrès dont il a la présidence provisoire.

Ce Congrès est né de la même pensée qui a inspiré les diverses réunions qui se tiennent à Paris à l'occasion de l'Exposition universelle. Ses promoteurs ont voulu, à côté de la grande manifestation du travail matériel dont le Champ de Mars offre le spectacle, montrer, dans une sorte d'exposition morale, tous les efforts tentés pour améliorer la condition humaine. Au premier rang de ces efforts il faut placer les œuvres d'assistance en temps de guerre. C'est l'honneur de notre époque d'avoir introduit la charité sur le champ de bataille et mis la neutralité du blessé sous la sauvegarde du droit public.

M. le Ministre du commerce, Commissaire général de l'Exposition, qui avait la charge de constituer le comité d'organisation du Congrès, s'est acquitté de ce devoir en s'inspirant des sentiments les plus libéraux, et il a appelé, pour en faire partie, des hommes qui peuvent être divisés sur bien des points, mais qui sont unis sur le terrain de la charité militaire.

Ce comité a préparé un programme et une circulaire qui ont été distribués: toute sa pensée est dans ces documents. Il n'a pas voulu se substituer aux conférences internationales qui se tiennent périodiquement par l'initiative du Comité de Genève et, d'un autre côté, il a pensé qu'il était nécessaire d'élargir le cadre de leurs travaux. La Croix rouge ne vise que les blessés et les malades en temps de guerre; quand elle a été fondée ils étaient, pour ainsi dire, les seules victimes directes de la guerre.

Les guerres futures, en mettant aux prises des nations armées, feront d'autres victimes que les blessés et les malades. En effet, il convient de se préoccuper non seulement des prisonniers, mais encore des familles que la mobilisation générale privera de leurs chefs et de leurs moyens d'existence.

Toutes ces questions ont fait l'objet de rapports spéciaux qui ont été distribués et qui vont être discutés.

Le Comité espère avoir offert au Congrès des sujets d'étude dignes des hommes éminents qui, de toutes les parties du monde, ont répondu à son appel : il ne doute pas que de leurs efforts communs ne sorte une impulsion nouvelle donnée à toutes les œuvres de l'assistance en temps de guerre. (*Applaudissements.*)

L'ordre du jour appelle la constitution du bureau d'honneur.

M. LE PRÉSIDENT propose de nommer comme président d'honneur M. le baron Larrey, dont le nom dit tout.

Cette proposition est accueillie par les applaudissements unanimes de l'assemblée.

M. LE PRÉSIDENT propose comme vice-présidents d'honneur :

MM. le docteur Jules FÉLIX, délégué du Comité central de la Croix rouge de Belgique.
le maréchal DE MORAËS ANCORA, délégué de S. M. l'empereur du Brésil.
le colonel Baron LAHURE, délégué de S. M. le roi des Belges, souverain de l'État indépendant du Congo.
général DE THOMSEN, délégué du Commissariat du Danemark.
le docteur Nicasio DE LANDA Y ALVARÈS DE CARVAILLO, inspecteur général de la Croix rouge d'Espagne.
le docteur Th.-W. EVANS, délégué du Commissariat général des États-Unis.

Mmes la maréchale de MAC-MAHON, présidente du Comité des dames de la Société française de secours aux blessés militaires.
la comtesse FOUCHER DE CAREIL, présidente de l'Association des dames françaises.
KOECHLIN-SCHWARTZ, présidente de l'Union des femmes de France.

MM. DUJARDIN-BEAUMETZ, médecin inspecteur, directeur du service de santé au Ministère de la guerre.
le docteur J. ROCHARD, inspecteur du service de santé au Ministère de la marine en retraite, membre de l'Académie de médecine, membre du conseil de l'Union des femmes de France.
JAEGERSCHMIDT, ministre plénipotentiaire en retraite.
MÉZIÈRES, membre de l'Académie française.

Mgr PERRAUD, évêque d'Autun, membre de l'Académie française.

MM. le docteur M. PERRIN, président de l'Académie de médecine, médecin inspecteur de l'armée, en retraite.
le docteur DUCHAUSSOY, secrétaire général fondateur de l'Association des dames françaises.
le docteur Jules GALVANI, délégué du Comité central de la Croix rouge de Grèce.
John FURLEY, président des ambulances de l'ordre de Saint-Jean de Jérusalem, à Londres.
le docteur VIO BONATO, délégué du Commissariat général d'Italie.
Rafaël DE ZAYAS ENRIQUEZ, délégué du Commissariat général du Mexique.
le docteur MATAK-FONTLIN, délégué du Ministère de la marine des Pays-Bas.
Ed. CAAMANO, délégué du Commissariat général de la République Argentine.
le docteur PETRESCO, délégué du Ministère de la guerre de Roumanie.
l'amiral Ivan LIKATCHOFF, membre du Comité d'organisation du Congrès.
le docteur AGUET, délégué du Gouvernement fédéral suisse.

Ces propositions sont accueillies par les applaudissements du Congrès et adoptées unanimement.

M. le marquis DE VOGÜÉ invite Mmes les vice-présidentes et MM. les vice-présidents d'honneur à prendre place au bureau.

La parole est à M. L. RENAULT, secrétaire général du comité d'organisation.

M. L. RENAULT, après avoir remercié M. de Freycinet, ministre de la guerre, et M. l'amiral Krantz, ministre de la marine de France, de l'appui bienveillant qu'ils ont accordé au Congrès, en s'y faisant représenter par des délégués spéciaux, et en adressant aux divers corps des armées de terre et de mer une circulaire autorisant les officiers et assimilés à donner au Congrès leur adhésion et leur concours, donne lecture des noms de MM. les délégués étrangers :

Belgique.

MM. TASSON, vice-président du Comité central de la Croix rouge de Belgique.
le docteur J. FÉLIX, chirurgien en chef de la Croix rouge, médecin honoraire de la maison de S. M. le roi des Belges.

Brésil.

M. le maréchal DE MORAÈS ANCORA, conseiller de guerre, chambellan de S. M. l'impératrice du Brésil, délégué de S. M. l'empereur du Brésil.

Danemark.

M. le général DE THOMSEN, président du Comité central de la Croix rouge de Danemark, délégué par le Commissariat général de Danemark à l'Exposition.

Égypte.

M. le docteur SIDKY-BEY, sous-directeur des services sanitaires et d'hygiène publique au Caire.

Espagne.

MM. Nicasio DE LANDA Y ALVAREZ DE CARVAILLO, médecin principal de l'armée espagnole, inspecteur général de la Croix rouge d'Espagne.
TORRES CAMPOS, officier premier du corps administratif de l'armée espagnole, membre du conseil supérieur consultatif de guerre.

États-Unis.

M. le docteur Thomas W. EVANS, président de l'*American sanitary Comittee* de Paris, délégué par le Commissariat général des États-Unis à l'Exposition.

État indépendant du Congo.

M. le baron LAHURE, colonel d'état-major, secrétaire général de l'Association congolaise et africaine de la Croix rouge.

Grèce.

MM. le docteur Jules GALVANI, chirurgien de l'hôpital de l'Annonciation à Athènes, délégué du comité central de la Croix rouge de Grèce.
ED. SCOULOUDI, délégué du Commissariat général de Grèce à l'Exposition.

Grande-Bretagne.

M. John FURLEY, président des ambulances de l'ordre de Saint-Jean de Jérusalem.

Italie.

MM. CAVAGLION,
le baron CERISE,
VIO BONATO,
BEROLATTI,
le comte NEGRI,
} délégués du Commissariat général d'Italie.

Mexique.

MM. Rafaël de ZAYAS ENRIQUEZ, délégué du Commissariat général du Mexique.
Eduardo ZARATE, délégué du Commissariat général du Mexique.

Pays-Bas.

MM. le colonel WILSON, chef du service de santé de la 1re division militaire, délégué de S. M. le roi des Pays-Bas.
le docteur MATAK-FONTEIN, médecin en chef de la marine royale, délégué de S. M. le roi des Pays-Bas.

République Argentine.

M. Eduardo CAAMAÑO, secrétaire général du Comité central de la Croix rouge à Buenos-Ayres, délégué du Commissariat général de la République Argentine.

Roumanie.

M. le professeur-docteur PÉTRESCO, médecin en chef de l'hôpital militaire de Bucarest, membre du Conseil supérieur de santé de l'armée roumaine, médecin de corps d'armée, délégué du Ministère de la guerre de Roumanie.

Suisse.

M. le docteur AGUET, délégué du Commissariat général suisse.

M. L. RENAULT donne ensuite lecture des lettres d'excuses de MM. le médecin inspecteur Dujardin-Beaumetz; Mgr Perraud; Moynier, président du Comité international de la Croix rouge, à Genève; d'Oom, conseiller privé, secrétaire de S. M. l'Impératrice de Russie; de Coler, médecin général, chef du service de santé de l'armée prussienne; comte della Somaglia, président du Comité central de la Croix rouge italienne; Wernly, secrétaire général de la Société suisse de la Croix rouge; Dr Czerny, professeur à l'Université d'Heidelberg, conseiller intime; général Thomsen, président du Comité central de la Croix rouge de Danemark, etc., qui, pour divers motifs de service, de santé ou d'absence n'ont pu venir prendre part aux travaux du Congrès, et en expriment tous leurs regrets.

Il donne communication également d'une lettre d'excuses de M. de Jusefowitch, conseiller d'État, chambellan de S. M. l'Empereur de Russie, qui regrette vivement d'être retenu à Saint-Pétersbourg, lettre qui se termine par ces lignes : « Je le regrette d'autant plus, qu'à juger d'après le programme des travaux du Congrès, j'aurais pu y puiser des renseignements fort utiles pour le développement des institutions d'assistance en temps de guerre, dont je suis appelé à m'occuper en Russie. J'aurais été bien heureux de pouvoir en même temps consacrer quelques jours à visiter l'Exposition et à rendre un tribut mérité à cette nouvelle manifestation du génie français, source d'admiration pour les amis de la France et d'envie pour ses ennemis. » (*Applaudissements.*)

M. le baron LARREY remercie le Congrès du témoignage de haute sympathie qu'il lui a accordé en le nommant président d'honneur, et invite l'assemblée à constituer son bureau définitif. Il propose de désigner comme président effectif M. le marquis de Vogüé, qui, avec tant de talent et de dévouement, a présidé les travaux du Comité d'organisation ; comme vice-présidents, MM. le Dr Riant ; L. Renault, professeur de droit des gens à la Faculté de droit de Paris ; Ed. Romberg, membre du Comité de la Société internationale de secours aux prisonniers de guerre, et le promoteur de ce Congrès, et le colonel Wilson, médecin en chef de la 1re division militaire néerlandaise ; comme secrétaire général, M. A. Romberg-Nisard, docteur en droit ; comme trésorier, M. Delacrose, chef du secrétariat du ministère de la marine ; comme secrétaires, MM. Torrès Campos, membre du conseil supérieur de guerre d'Espagne, le commandant Josse, de l'état-major général du ministère de la guerre, et le Dr Schneider, médecin-major de 2e classe, attaché à la direction du service de santé au ministère de la guerre.

Les propositions de M. le baron Larrey sont adoptées à l'unanimité par le Congrès.

M. le marquis de Vogüé, après avoir remercié l'Assemblée de l'honneur qu'elle lui fait en l'appelant à présider le Congrès, exprime la pensée que sa tâche sera des plus faciles. En effet tous les membres du Congrès, quelle que soit leur nationalité ou leur opinion, n'ont ici qu'une même pensée : atténuer les maux de la guerre et servir la sainte cause de l'humanité et de la civilisation chrétienne. Cette solidarité n'exclut pas le patriotisme. Personne, sous le brassard, n'a abdiqué les devoirs et même les passions du patriotisme : chacun de nous, membre ou auxiliaire de son armée nationale, n'a qu'un désir, la victoire, la victoire rapide, qui est encore le plus sûr moyen de diminuer les maux de la guerre ; mais chacun aussi reconnait qu'il a à remplir un devoir de charité en ne voyant plus, dans un ennemi tombé, qu'un frère à secourir. (*Applaudissements.*)

Abordant l'ordre du jour, M. LE PRÉSIDENT fait connaître que les membres du Congrès sont invités à se réunir à 2 heures à l'Esplanade des Invalides pour visiter les diverses expositions des œuvres d'assistance en temps de guerre.

A 4 heures, un lunch leur sera offert au Pavillon de l'aérostation militaire.

Enfin, M. LE PRÉSIDENT donne lecture de deux lettres, qu'il a reçues du Ministre de la guerre, l'une, invitant les membres du Congrès à assister à la réception qui aura lieu le soir même dans les salons du Ministère de la guerre ; l'autre, les informant que M. le Médecin principal de 1re classe Chambé, chef de la section technique du service de santé au ministère de la guerre, se tiendra à trois heures à leur disposition pour leur faire visiter le matériel du service de santé exposé à l'exposition militaire, esplanade des Invalides.

M. Ed. Romberg, demande la parole. Quoiqu'il soit Français de cœur et par alliance, c'est à titre étranger qu'il a été particulièrement désigné comme vice-président.

Au nom des étrangers, il demande à exprimer toute leur reconnaissance pour l'initiative prise par la France par la réunion de ce Congrès. Chaque fois qu'il s'agit de charité et d'humanité, la France est au premier rang ; mieux que personne elle sait porter haut le drapeau de la civilisation. En pareille matière, elle a une suprématie que nul ne saurait lui contester. Il tient, d'ailleurs, à honneur de constater que la Belgique s'est toujours associée avec le plus vif empressement à toutes les mesures d'assistance en temps de guerre ; ce n'est pas un des moindres avantages de sa situation d'État neutre de pouvoir exercer sa mission de charité au milieu des belligérants. (*Applaudissements.*)

M. le Dr Petresco (Roumanie) prononce les paroles suivantes :

Le Comité d'organisation du Congrès m'a convié à prendre part à ses travaux qui consacrent le droit du vaincu à la charité publique, et m'a fait l'insigne honneur de me désigner à vos suffrages comme vice-président d'honneur. Je suis bien reconnaissant pour cette distinction inattendue.

Pour moi seul, cet honneur serait très peu mérité ; il n'est point fait à moi, mais à la Roumanie, qui, après avoir adhéré à la Convention de Genève le 30 novembre 1874, en ratifia immédiatement l'œuvre féconde par l'expédition d'ambulances avec d'abondants secours, en Serbie, pendant la guerre de 1876.

De même, pendant la guerre entre la Bulgarie et la Serbie, la Croix rouge roumaine envoya des ambulances avec des secours aux deux armées belligérantes.

En 1877-1878, pendant la dernière guerre d'Orient, à laquelle nous avons été forcés de prendre part, notre généreuse Reine, après avoir fait naître l'enthousiasme pour l'œuvre de la Croix rouge dans le cœur de la femme roumaine, donna elle-même l'exemple d'un dévouement illimité auprès de nos soldats blessés, en pansant leurs blessures et en relevant leur courage. C'est pourquoi l'armée reconnaissante l'a saluée du titre de « Mère des blessés ». S. M. le Roi, pour honorer ce dévouement dont il avait lui-même donné l'exemple sur le champ de bataille à Grivitza, en Bulgarie, institua, en 1878, un ordre de récompense « la croix Élisabeth », que portent aujourd'hui avec fierté les dames roumaines qui ont rivalisé de sollicitude avec S. M. la reine Élisabeth.

Après la prise de Plevna, la Roumanie a bien mérité de la Croix rouge pour les soins les plus charitables et les plus humanitaires qu'elle a donnés, sans distinction de nationalité, à des milliers de blessés et malades, dans ses ambulances et dans ses hôpitaux de réserve. L'hommage rendu par le médecin en chef de l'armée ottomane à l'humanité des représentants roumains de la Croix rouge envers les Turcs se trouve inscrit dans les annales de notre Croix rouge.

Enfin, c'est toujours à l'initiative et à la générosité de S. M. la Reine qu'est due l'institution des *Sœurs de charité* en Roumanie.

Cette institution, fondée en 1879 et dotée d'une subvention royale, est le plus efficace moyen d'entretenir et d'exciter les dévouements. L'expérience l'a prouvé, le démontre en ce moment même dans la capitale de notre royaume, où les bienfaits en ont été fort appréciés, tant dans le service hospitalier que dans la clientèle privée.

Pardonnez-moi, Mesdames et Messieurs; j'allais commettre une erreur chronologique, en ce qui concerne l'histoire de notre Croix rouge. La Roumanie a adhéré de fait à la Convention de Genève, non pas en 1874, comme je viens de le dire, mais en 1870-1871, quand tous ceux de ses fils alors étudiants à Paris ont pris une part active à l'œuvre de la Croix rouge française, dans les ambulances et les hôpitaux de guerre.

En revanche, la Croix rouge française, ainsi que les Croix rouges des autres puissances, ont donné les plus grands secours à la Roumanie dans les calamités de la dernière guerre. Au nom du pays que j'ai l'honneur de représenter, je saisis l'occasion solennelle de ce jour pour renouveler à la Croix rouge française l'expression de nos sentiments de gratitude et de notre dévouement à la grande cause de l'assistance en temps de guerre. (*Applaudissements.*)

M. LE PRÉSIDENT remercie M. le Dr Petresco de son intéressante communication, et propose au Congrès la motion suivante :

Le Congrès des œuvres d'assistance en temps de guerre, réuni à Paris, le 17 juillet 1889, adresse à S. M. la Reine de Roumanie l'hommage de sa respectueuse admiration pour son dévouement charitable et sa bienfaisante activité.

Cette motion est adoptée par acclamation.

M. le colonel baron LAHURE (État du Congo) demande à faire une communication au Congrès, relativement à la création d'une branche nouvelle de la Société internationale de la Croix rouge, une branche congolaise destinée à porter au centre du continent africain la charité et avec elle la civilisation.

La Convention de Genève a fait accepter, par les nations civilisées, une conciliation possible entre les droits de la guerre et ceux de l'humanité. C'est là un précieux titre d'honneur pour notre siècle, mais cette idée est trop féconde pour rester localisée dans les pays civilisés et dans le domaine de la grande guerre seulement.

Dans le centre de l'Afrique, dans ces régions hier encore inconnues, il y a sans cesse de petits combats, non seulement entre les indigènes et les blancs, mais encore entre les indigènes eux-mêmes. A côté des victimes de ces combats, il y a tous ceux qui tombent épuisés dans la lutte que la civilisation poursuit contre la barbarie, il y a tous ceux qui sont vaincus par le climat et les épidémies. Pour toutes ces victimes, il faut une Croix rouge, et cette nouvelle section vient d'être créée par S. M. le roi Léopold II, souverain de l'État indépendant du Congo. « Il faut, a dit le roi des Belges, chercher, dès que les ressources le permettront, à envoyer dans les diverses stations des secours médicaux, des objets de toute nature utiles aux blessés et aux malades, et plus tard, lorsque cela sera possible, quelques médecins. Le médecin, dans les pays sauvages particulièrement, est un puissant agent de civilisation. »

Le but de la section congolaise et africaine est donc d'étendre à l'État du Congo le bénéfice des mesures humanitaires édictées par la Convention de Genève. Sa mission sera permanente, puisque là-bas on lutte sans cesse contre la barbarie.

Dans cette Afrique immense et si pleine d'avenir, où, à côté de contrées possédant leur autonomie, il y a des pays de protectorat, la Croix rouge pénètre de droit avec le drapeau du pays autonome, comme avec le drapeau de la métropole d'Europe. La section congolaise, elle, est destinée à porter ses bienfaits dans l'État indépendant du Congo et dans les pays barbares limitrophes où les indigènes sont souvent décimés par la maladie ou par la guerre.

Dans cette triomphale Exposition de 1889, le visiteur admire d'une façon toute spéciale l'exposition coloniale, où sont rassemblés les représentants de toutes les races qui peuplent le globe. Quand on observe ces hommes, on constate que leurs facultés d'assimilation aux progrès modernes sont en raison directe de leur tendance au trafic commercial, et que leurs facultés d'assimilation à la civilisation augmentent en raison de l'élévation de leurs dogmes religieux.

Cette constatation dicte nos devoirs. Il faut aller vers les sauvages, les mains remplies de bienfaits, et leur imposer notre civilisation par le prix du service rendu plutôt que par la force des armes. Cette conduite est plus humaine et elle est plus efficace.

En soignant les malades et les blessés, la Croix rouge congolaise fera faire un grand pas à la civilisation dans ces pays, et s'efforcera ainsi de mériter l'estime et la sympathie de tous ceux qui s'intéressent aux bienfaits des œuvres d'assistance internationale.

L'orateur espère que la France, qui est toujours à la tête du progrès, comme le prouve une fois de plus son Exposition universelle, voudra bien appuyer de ses vœux la nouvelle œuvre créée par S. M. le roi Léopold II. (*Applaudissements.*)

M. le Président, après avoir exprimé les remerciements de l'assemblée à M. le baron Lahure pour sa communication, propose au Congrès la motion suivante :

Le Congrès international des œuvres d'assistance en temps de guerre, réuni à Paris le 17 juillet 1889, adresse à S. M. le Roi des Belges ses respectueux hommages et les vœux qu'il forme pour que la généreuse introduction de la Croix rouge dans l'Afrique centrale assure le succès de ses efforts civilisateurs.

Cette motion est adoptée par acclamation.

M. le docteur Félix (Belgique) demande la parole. Depuis la guerre de 1870, pendant laquelle la Croix rouge de Belgique s'était dévouée au soulagement des blessés, cette Société avait paru sommeiller un peu, et ce sommeil s'explique par ce fait que la Belgique, heureusement pour elle, n'est pas une nation militaire. Mais les Belges se sont dit qu'ils ne devaient pas seulement penser à eux, mais encore aux nations sœurs, et, afin d'être prêts à toute éventualité, ils ont décidé de réorganiser la Croix rouge en faisant appel au concours actif de toute la nation.

La Croix rouge belge, imitant l'exemple qui a été donné par le Comité des dames de la Société française de secours aux blessés, l'Union des femmes de France, l'Association des dames françaises, a fait appel au cœur des femmes; car sans la femme il n'y a ni progrès, ni gloire, ni charité, et si l'œuvre entreprise réussit, c'est aux femmes belges qu'on le devra.

L'Association belge est placée, depuis sa fondation en 1864, sous le haut patronage de LL. MM. le Roi et la Reine des Belges; elle a à sa tête un Comité central et un Comité général. Ses statuts sont rédigés, son projet de réorganisation du service de santé est arrêté, les principaux chefs de service sont à leur poste.

L'orateur espère que, le jour venu, la Croix rouge de Belgique sera en état de rendre tous les services qu'elle souhaite de pouvoir rendre aux nations qui feront appel à son dévouement, tout en secourant, en temps de paix, les victimes des accidents et des épidémies. (*Applaudissements.*)

M. le Président ne doute pas que la Belgique, qui a donné de si nombreuses preuves de son dévouement à la cause de l'humanité, ne trouve, dans l'organisation de sa Croix rouge, un nouveau moyen de développer son esprit de charité et de générosité.

M. J. Furley (Angleterre) remercie le Congrès de l'honneur qu'il lui a fait en le nommant vice-président d'honneur.

Depuis vingt ans, il a la conscience d'avoir consacré tout son temps et tous ses soins au service des ambulances; la distinction que lui a conférée l'assemblée lui est un précieux témoignage et une récompense de ses efforts. (*Applaudissements.*)

M. L. Renault demande la parole sur l'ordre des travaux du Congrès, lequel se réunira, à partir du 18 juillet, à 3 heures, à l'École des sciences politiques, rue Saint-Guillaume, 27. A la demande des rapporteurs, les questions seront successivement discutées dans l'ordre suivant : questions n°s 1, 6, 2, 5, 7, 3, 4.

Sur chaque question, le rapporteur fera son exposé; puis, s'il y a lieu, les membres du Congrès présenteront leurs observations.

Il pourra se faire qu'il y ait lieu de proposer des résolutions ou des vœux. Le règlement donne au bureau le droit de décider si les propositions de résolutions ou de vœux pourront être soumises directement au Congrès, ou si elles devront, au préalable, être renvoyées à l'examen d'une Commission spéciale. A cet effet, le Congrès se divisera en trois Commissions : la Commission médicale et de secours aux blessés, la Commission des prisonniers de guerre.

la Commission de l'assistance aux familles. Chaque membre du Congrès est prié de s'inscrire à celle des Commissions qu'il aura choisie.

La séance est levée à midi un quart.

DEUXIÈME SÉANCE (1)

le jeudi 18 juillet 1889.

La séance est ouverte à 3 heures sous la présidence de M. le marquis DE VOGÜÉ.

Le procès-verbal de la séance précédente est lu.

M. LE PRÉSIDENT, à l'occasion du procès-verbal, demande qu'il y soit fait mention de la visite faite hier par les membres du Congrès aux diverses expositions sanitaires de l'Esplanade des Invalides.

Au cours de cette visite, M. le médecin principal Chambé, délégué du Ministre de la guerre, a bien voulu donner des explications du plus haut intérêt sur l'organisation du service sanitaire du Ministère de la guerre et sur le fonctionnement du matériel si complet réuni par ses soins.

M. LE PRÉSIDENT se fait l'interprète des membres du Congrès pour remercier M. le Ministre de la guerre et son délégué de l'accueil si gracieux dont ils ont été l'objet. Il remercie également les trois sociétés de secours aux blessés qui ont organisé des expositions si complètes et en ont fait les honneurs au Congrès avec tant d'empressement et d'une manière si intéressante.

Le procès-verbal est approuvé.

L'ordre du jour appelle la discussion de la question n° 1 du programme :

Moyens propres à mieux faire connaître et à étendre les œuvres d'assistance en temps de guerre. — Propagande. — Préparation en temps de paix du personnel et du matériel des sociétés de secours. — Instruction théorique et pratique. — Certificats d'aptitude.

M. le docteur RIANT, rapporteur, donne lecture de son rapport, ainsi conçu :

« Il y a vingt-cinq ans que le récit émouvant des misères d'un champ de bataille, avec ses blessés, ses morts et ses mourants, faisait naître l'idée d'où est sortie la plus grande œuvre morale du siècle, la Convention de Genève, et provoquait cet élan généreux que représentent, sous une forme ou sous une autre, et sur tous les points du monde civilisé, *les œuvres d'assistance en temps de guerre*, c'est-à-dire la charitable et patriotique croisade de notre temps.

(1) Cette séance et les suivantes ont eu lieu à l'École libre des Sciences politiques.

« Cependant, quelque rapide qu'ait été leur éclosion, quelque progrès qu'elles aient accompli, les œuvres d'assistance en temps de guerre sont-elles assez nombreuses, assez puissantes, assez préparées pour la tâche difficile, immense, qui pourrait leur être imposée demain? Ont-elles pris un développement en rapport avec les exigences de l'avenir? Leur personnel de secours, leur matériel de tout ordre, leurs ressources, ont-ils suivi la progression formidable, toujours croissante, des troupes appelées à combattre, des moyens de concentration dont les États disposent, de la puissance destructive des armements perfectionnés, etc?

« Services prévus, engagements pris, efforts déjà faits, progrès réalisés par l'assistance auxiliaire, voilà sans doute, pour le philosophe, pour le moraliste, pour le patriote, des innovations qu'on ne saurait assez admirer!

« Pour les esprits pratiques, pour les hommes qui ont été aux prises avec les difficultés du service de santé auxiliaire dans les guerres récentes et qui ne cessent de s'ingénier à perfectionner ce rouage, serait-ce se montrer injuste envers le présent que de se demander, devant les incalculables besoins de demain, si tout cela sera suffisant?

« Cette même question s'est sans doute présentée à l'esprit des organisateurs de ce Congrès. Ils ne se sont pas réunis, ils n'ont pas fait appel aux sentiments humanitaires de tant d'âmes généreuses de la France et de tous les pays, pour leur proposer une admiration sans réserve et sans profit des faits accomplis.

« Non; prévoyants, ils se sont préoccupés de l'avenir des œuvres d'assistance, de leur développement, de leurs progrès indispensables. Ces œuvres existent : c'était beaucoup hier; ce n'est plus assez aujourd'hui. Et puisque promoteurs, adhérents, adhérentes, collaborateurs, collaboratrices de ces institutions charitables et patriotiques se trouvent réunis, n'y a-t-il pas là une occasion favorable de mettre en commun tant de généreux efforts, pour imprimer une impulsion plus énergique encore aux œuvres d'assistance en temps de guerre? Enfin, comme il n'y a pas de charité sans un budget pour y pourvoir, la nécessité ne s'impose-t-elle pas de chercher à intéresser davantage à ces œuvres, dont le rôle grandit, dont les obligations se multiplient chaque jour, le public appelé désormais à collaborer réellement, dans une mesure de plus en plus large, soit par des engagements personnels, soit par des prêts ou des dons en argent ou en nature, immédiats ou différés, à l'action de l'assistance volontaire?

« Le programme des questions dont je suis chargé de présenter au Congrès un rapport des plus sommaires, répond en effet à toutes ces préoccupations.

« Ai-je besoin de dire ici, dans cette réunion où figurent des représentants de l'assistance volontaire appartenant à tant de nations diverses, dans quel esprit a été fait ce rapport?

« N'était-ce pas un motif de haute convenance d'abord qui m'imposait le devoir d'élever les questions au-dessus des personnes ou des groupes de personnes, au-dessus des individualités ou des associations, qui travaillent ici ou là, dans telle ou telle mesure, à la grande cause de l'assistance en temps de guerre ? C'est ainsi que j'ai compris la mission élevée, impersonnelle qui m'était confiée.

« De ce point de vue, d'où qu'ils viennent, quelque noms qu'ils portent, tous les efforts, tous les dévouements, toutes les émulations, permettant à chaque pays, à chaque localité, à chaque œuvre d'adapter les moyens de secours au génie national, aux circonstances, aux ressources locales, servent à leur manière la grande œuvre sociale consistant à apporter aux services sanitaires des armées une aide désormais indispensable.

« Tout cela aboutit à des recherches, à des réformes qu'il sera bon de constater; mais c'est à grands traits seulement qu'il est permis au rapporteur de parler du bien accompli, de signaler le mieux à réaliser, l'idéal à poursuivre. Dans les études, les développements, les communications, les discussions qui doivent suivre, on abordera les détails et les faits particuliers. De là, le plan de ce rapport et les limites où il devait se renfermer.

« A. — *Moyens propres à faire mieux connaître et à étendre les œuvres d'assistance en temps de guerre.*

« Il y eut un temps où il fallait démontrer l'utilité des sociétés de secours, aux gouvernements comme aux individus. Nous n'en sommes plus là aujourd'hui, au moins en ce qui concerne les gouvernements. Presque tous, sinon tous, ont reconnu la nécessité des secours volontaires; ils les ont réglementés ou songent à le faire, afin d'en obtenir un fonctionnement plus régulier et d'assurer une discipline indispensable.

« Mais, plus les États comptent sur les services des sociétés de secours, plus large est la part que, dans leurs prévisions, ils donnent à la collaboration des auxiliaires volontaires, plus ceux-ci ont à se préoccuper de se mettre en mesure de remplir les engagements d'honneur qu'ils ont pris.

« En fait, la collaboration des hospitaliers volontaires tend, chaque année, à prendre une extension de plus en plus grande, et nous sommes loin aujourd'hui des timides essais du début. Aux soins donnés dans quelques ambulances, ou sur le passage des blessés et malades, au relèvement accidentel des blessés après l'action, s'est substituée une intervention, moins libre dans son choix, mais mieux prévue dans son fonctionnement et s'étendant sur une plus vaste échelle, toutes les fois au moins que les ressources des œuvres d'assistance le permettent.

« Les œuvres dont le mandat est de préparer des pansements, d'organiser des hôpitaux auxiliaires, proportionnent leurs moyens d'action à la mesure de leur fonctionnement. D'autres ont un champ d'action plus large : transports, évacuations des blessés et des malades par terre, par eau, par voies ferrées, infirmeries de gares, hôpitaux auxiliaires de ville ou du théâtre de la guerre, etc.

« Mais, pour les unes comme pour les autres, il y a une condition essentielle de cette participation, plus ou moins étendue, au service sanitaire.

« Le service sanitaire officiel n'a pas à se préoccuper des voies et moyens, des ressources : le budget et la loi les lui assurent.

« Le service sanitaire auxiliaire tient tous ses moyens d'action de la charité et du patriotisme. Le personnel dont il dispose, sauf dans les pays où le personnel auxiliaire est militaire ou absolument assimilé, est recruté à la faveur d'appels adressés au dévouement, aux sentiments patriotiques et charitables. Quant à son budget, il n'a point de mesure précise : il peut être immense ou restreint, comme les élans de la charité qui l'alimente. On rêve bien grand pendant la paix : vienne la guerre, on prétend faire honneur à toutes ses promesses.

« De là, la nécessité de préparer avec une prévoyante sagesse le budget, le trésor de la charité, de longue main et pendant les loisirs de la paix.

« Les armements n'ont plus de mesure. Comment en admettre dans la préparation des moyens de secours?

« Il faut amener le public à considérer comme une dette sacrée la participation illimitée des personnes, des dévouements, des générosités, aux œuvres d'assistance en temps de guerre. Ce sentiment s'est manifesté avec trop d'éclat dans les guerres et les expéditions postérieures à la Convention de Genève, sur l'appel des sociétés de secours, pour que celles-ci n'engagent pas leur parole vis-à-vis des gouvernements, avec la plus entière confiance dans l'avenir.

« Mais il faut que le public sache bien que, désormais, le budget de la charité doit être mis en rapport avec le budget de la guerre.

« Humanité et patriotisme sont également intéressés à atténuer les souffrances, les cruautés inutiles, à assurer à l'homme tombé à l'ennemi qu'il trouvera un frère pour le relever, pour le transporter dans un hôpital, pour le soigner; des moyens de secours et de protection pour les siens, s'il succombe. Qui donc se refuserait à contribuer à doubler le courage, la force, les services des défenseurs du pays ?

« B. — *Propagande.*

« Il y a deux sortes de propagandes : la propagande de l'*idée* ou des *idées*, d'où sont sorties les œuvres d'assistance en temps de guerre, et la propagande des *œuvres* elles-mêmes.

« Ce serait une grande erreur de se figurer que la Convention de Genève et les principes qu'elle a sanctionnés sont généralement connus. Combien de bonnes volontés et de dévouements viendraient aux œuvres d'assistance, si l'on avait une notion exacte des bienfaits dus à cette révolution dans les usages de la guerre et dans le droit des gens! C'est donc une œuvre des plus utiles à faire que de propager par des livres, des brochures, des cours, des conférences, la Convention de Genève et les principes qu'elle a introduits dans le droit international.

« Et puisque je fais allusion à l'importance de la propagande de l'idée fondamentale de laquelle dépendent les secours volontaires, vous me permettrez bien de donner la place qui lui revient à la solennelle manifestation de ce Congrès international, parmi les modes de propagande des œuvres d'assistance en temps de guerre. A notre appel, vous êtes venus, Mesdames et Messieurs, de toutes les parties de la France, de l'Europe et du monde. Pourquoi? Pour encourager de votre exemple, de vos conseils, du récit des progrès accomplis en de lointaines contrées, cet admirable effort des peuples civilisés, opposant aux maux, à l'inévitable barbarie de la guerre, la coalition trois fois sainte du dévouement, de la charité et de la science réunis.

« Grâce à votre concours, cet élan ne sera pas stérile, et ce nouvel effort de propagande s'ajoutera à tant d'autres pour dire au monde civilisé que le principe consacré à Genève, le 22 août 1864, par une convention internationale, a quelque chose encore de plus que l'adhésion et la signature de 35 gouvernements : je veux dire ce *consensus populi* ou plutôt *populorum*, ratification suprême des lois commandées par les mœurs, sanctionnées par la conscience universelle.

« S'agit-il de la propagande appliquée aux œuvres d'assistance en temps de guerre ? Le présent rapport n'insistera ni sur sa nécessité : elle s'impose ; ni sur les moyens à employer : ils abondent.

« Quand on a cité les divers modes de la publicité : par la parole, dans la conférence, le discours, le sermon ; par la plume, dans la notice, le bulletin périodique, le livre et la brochure volante, le *tract* qui porte vite et si loin, sans parler des ressources sans nombre dont dispose la presse pour initier le public aux bienfaits des œuvres d'assistance en temps de guerre ; quand on a cité les appels de la charité sous les mille formes qu'elle exploite avec une ardeur si courageuse : quêtes et sermons, ventes et kermesses, concerts, bals et représentations scéniques, etc., on est loin d'avoir épuisé la liste des modes de propagande à l'usage de ces institutions charitables et patriotiques.

« A cette propagande faite par chaque œuvre ou en son nom, il convient d'ajouter la propagande non moins fructueuse, exercée individuellement par chaque membre de ces associations, dans le cercle de ses relations et de son influence. Véritable apostolat en faveur d'une noble cause.

« Je l'ai dit ailleurs, et je le répète avec conviction : on n'a pas fait assez pour une telle œuvre quand on y a inscrit son nom, quand on lui a prêté son dévouement, versé sa cotisation ou son offrande. Il reste encore le devoir de communiquer aux autres son dévouement, son enthousiasme, sa foi dans l'institution, en un mot le devoir de faire faire par les autres ce que l'on a si bien fait soi-même.

« N'est-ce pas ainsi que, chaque jour, les dames qui, dans tous les rangs de la société, en France, comme dans tous les pays, ont pris à cœur le succès de ces œuvres, multiplient leur dévouement, pour grouper autour d'elles, à la faveur de leur admirable exemple et des nobles sacrifices qu'elles s'imposent, ces engagements d'honneur, ces collaborations ardentes, réalisant, pour le développement de leurs œuvres, pour le salut de l'armée et du pays, la merveille d'un zèle qui s'entretient et s'avive à mesure qu'il se communique !

« Jamais le public n'a été aussi bien préparé à seconder nos œuvres. L'armée n'est plus une catégorie à part dans la société : l'armée, c'est nous tous, et chaque famille a l'honneur et le souci d'avoir un soldat sous les drapeaux. A tous, religion, morale, patriotisme, tiennent le même langage : c'est bien le soldat « blessé », qui est ce « prochain », recommandé à notre plus vive sollicitude, ayant droit à nos soins les plus empressés.

« La propagande des œuvres d'assistance en temps de guerre, assurée de rencontrer partout un accueil sympathique, est un devoir étroit pour les institutions jalouses de remplir leurs engagements envers l'armée et le pays.

« C. — *Préparation en temps de paix du matériel et du personnel des sociétés de secours.*

« Il fut un temps où l'on cherchait le moyen d'occuper et de faire vivre, en leur trouvant un aliment, les sociétés de secours pendant le temps de paix.

« Les œuvres d'assistance qui veulent rendre les services qu'on attend d'elles n'ont plus à redouter la période où l'inaction peut les faire périr ; elles doivent n'avoir qu'un souci : se préparer ; une crainte : n'être pas prêtes, n'être pas en possession de tous leurs moyens d'action, à l'heure où leurs services seront requis.

« Beaucoup attendent pour vouloir trop bien faire. Soyons pleins de reconnaissance pour les inventeurs ; mais, après les avoir loués, comme il convient, pour la fécondité avec laquelle ils font succéder appareils de secours à appareils de secours, nous devons savoir nous arrêter et adopter aujourd'hui quelque chose, fussions-nous bien persuadés que, demain, un inventeur plus ingénieux trouvera mieux encore. Car, pour ceux qui doivent porter secours, pour nous, il y a quelque chose de pis qu'un appareil en deçà de l'idéal absolu, c'est le défaut de tout appareil de secours : voilà le vrai danger !

« Études, comparaisons, perfectionnements successifs, le temps n'a pas manqué pour les faire. Que tout cela continue : c'est dans l'ordre, c'est dans le progrès. Mais ne nous attardons plus pour développer les dépôts de nos engins de secours et pour exercer notre personnel à leur maniement.

« Ce n'est que pendant la paix que l'on peut réellement *organiser* les moyens de salut pour les blessés et les malades : l'*improvisation* reste la ressource extrême et trop souvent insuffisante de ceux qui n'ont pas su ou qui n'ont pas pu, de longue main, tout prévoir, tout préparer.

« On peut être assuré qu'il restera toujours une trop grande marge pour cette ressource.

« Les perfectionnements à apporter au matériel de secours, aux moyens de transport, d'évacuation, aux appareils les plus élémentaires, brancards, civières, etc., comme aux plus compliqués : voitures *ad hoc*, trains sanitaires, bateaux aménagés pour servir au transport des blessés et des malades, hôpitaux flottants, baraquements fixes ou mobiles, tentes présentant toutes les conditions exigées par l'hygiène scientifique, la création de dépôts nombreux, tout cela doit être étudié, expérimenté pendant les loisirs de la paix, afin d'offrir, au jour du besoin, les chances les plus sérieuses d'un concours efficace.

« Une question plus difficile à résoudre est celle du recrutement, de la préparation et de l'instruction du personnel de l'assistance en temps de guerre.

« A l'heure où le service militaire met un fusil dans toute main valide, que de difficultés pour trouver et former un personnel de secours apte à remplir ses fonctions !

« Quand l'armée prend pour ses hôpitaux tous les médecins en âge de la servir, comment assurer le fonctionnement de l'assistance volontaire ?

« Les médecins sont coutumiers du dévouement, et ce n'est pas à ceux d'entre eux qui échappent à l'obligation légale d'être soldats ou médecins d'armée qu'il faut rappeler le devoir d'entrer dans les cadres du service auxiliaire.

« Mais pour le personnel subalterne, que d'obstacles à son recrutement, à une préparation ne devant peut-être être utilisée qu'après nombre d'années. Peut-on espérer continuer incessamment cette préparation chez des hommes obligés de travailler pour gagner leur vie ?

« L'enseignement proprement dit du personnel des œuvres d'assistance en temps de guerre n'est pas une question moins délicate. D'abord il comporte des degrés et des variantes nécessaires. Ainsi que je le disais au Congrès international de 1884, il y a l'enseignement tout à fait élémentaire, s'adressant, par exemple, aux brancardiers, à certaines catégories d'infirmiers, d'infirmières à responsabilité très limitée : il y a l'enseignement plus élevé et plus large destiné à ceux ou à celles qui, sous l'autorité du médecin, sont chargés de surveiller le fonctionnement des services des établissements hospitaliers.

« Leur responsabilité plus grande exige une instruction plus complète.

« Sous quelle forme sera donné l'enseignement ? Peut-on se contenter d'une série de leçons, de cours répétés chaque année, leçons, cours destinés à exposer, dans un ordre méthodique, toutes les parties d'un programme d'enseignement plus ou moins complet, approprié à l'éducation de l'infirmier ou de l'infirmière, pendant la paix et pendant la guerre ?

« Faut-il considérer ces notions un peu superficielles, trop théoriques, si éloignées peut-être de la mise en œuvre, comme insuffisantes au but que l'on se propose ? Ne sont-elles pas propres à encourager la manie déjà trop développée de se croire médecin et d'intervenir en cette qualité, en s'autorisant d'une science incomplète, capable de mettre en péril la santé publique ?

« Si les diplômes ne font pas les savants, n'y a-t-il pas des certificats qui peuvent donner l'illusion du savoir ? Il importe d'éviter, même avec les meilleures intentions, de mettre dans les mains de certains diplômés un moyen de fraude, ou, sous les yeux des malades, une occasion d'erreur.

« On ne supprimerait pas tout danger, sans doute, mais on rendrait incontestablement l'enseignement plus complet et plus efficace, si les sociétés de secours pouvaient créer des hôpitaux modèles dans lesquels seraient admis les élèves des cours. Là une préparation plus pratique formerait des élèves plus sérieusement entraînés ; là on trouverait le moyen d'assurer, pendant le temps de paix, une activité féconde aux sociétés de secours : là, enfin, se poursuivrait une étude co... ...ante de l'hygiène hospitalière, et on aurait, en temps de guerre, des ressour... s toutes prêtes pour les victimes des champs de bataille.

« A défaut d'hôpital fondé par les œuvres d'assistance — bien peu pourraient assumer cette charge — le complément de l'enseignement théorique par l'enseignement pratique peut être donné dans les hôpitaux généraux, dont les administrations consentiraient à ouvrir les portes aux élèves, hommes et femmes, des écoles fondées par l'assistance auxiliaire.

« Il faudrait encore faire la distinction du personnel sédentaire et du personnel mobilisable, parler des exercices préparatoires de mobilisation avec le matériel approprié ; mais les limites de ce rapport, que nous nous excusons d'avoir déjà beaucoup trop dépassées, ne nous permettent pas d'aller au delà de ces généralités.

« Tout incomplètes qu'elles sont, ne suffisent-elles pas pour préparer les discussions qui doivent avoir lieu dans le Congrès ? En tout cas, nous avons hâte d'entendre nos éminents collègues et de profiter des communications que leur suggérera leur expérience des œuvres d'assistance en temps de guerre dans les différents pays où ils ont, eux aussi, travaillé à étendre les bienfaits de l'assistance volontaire, avec une ardeur et un succès qui établissent entre tous les membres de cette assemblée des sentiments de sympathie et de bienveillance confraternelles, auxquels je tiens à honneur de rendre un solennel hommage. (*Applaudissements.*)

M. le docteur Émile NEUMANN. — J'ai lu avec un vif intérêt le rapport de M. le docteur Riant sur la première question soumise aux études du Congrès. Je me suis particulièrement intéressé à la partie consacrée à l'instruction et à la préparation du personnel des œuvres d'assistance. C'est là, assurément, ainsi que l'a fait remarquer l'honorable et éminent rapporteur, un des points les plus difficiles et les plus délicats de l'organisation de nos sociétés.

La nécessité d'un enseignement pour les personnes qui veulent apporter leur concours aux sociétés de secours est incontestable. On sait, l'expérience du passé est là pour l'attester hautement, que ni la bonne volonté ni l'intelligence ne peuvent suffire si les connaissances techniques font défaut ; tous les efforts sont vains et stériles si l'instruction n'est pas à la hauteur du dévouement.

Dès sa fondation, l'Union des femmes de France, désireuse de s'assurer un personnel instruit, s'est préoccupée de la question de l'enseignement et a toujours dirigé ses efforts dans ce sens. L'Union, qui, à l'origine, n'avait dans Paris que six sections d'enseignement, en compte aujourd'hui quinze qui sont réparties dans les divers arrondissements, abstraction faite des conférences hebdomadaires qui ont lieu au siège social.

Je n'entrerai pas dans les détails de nos programmes que vous connaissez : ils comprennent toutes les notions indispensables à une infirmière hospitalière, et je crois pouvoir affirmer, sans crainte de me tromper, que nous donnons à nos élèves un enseignement des plus complets : nous leur donnons cette instruction large et élevée dont a parlé M. Riant, instruction nécessaire aux personnes qui doivent apporter au corps médical un concours direct et véritablement efficace.

Mais un enseignement doctrinal, élémentaire ou supérieur, quelque bien fait qu'il soit, quelque soin qu'apporte le professeur à mettre en relief et à faire ressortir les résultats pratiques qui doivent en découler, n'est et ne sera jamais qu'un enseignement théorique.

M. le rapporteur se demande avec raison si un pareil enseignement ne présente pas quelques dangers, si, du moins, il n'est pas insuffisant, et il exprime le vœu bien légitime que les élèves des sociétés de secours puissent compléter leur instruction soit dans des hôpitaux modèles appartenant à ces sociétés, soit dans des hôpitaux généraux.

Je partage de tous points les sentiments exprimés par l'honorable M. Riant, et je suis heureux de pouvoir lui dire que l'Union des femmes de France, non seulement s'associe entièrement aux vœux qu'il a si bien formulés, mais que, depuis bien des années déjà, elle les a devancés. L'Union n'ayant pas d'hôpital (elle désire vivement en fonder un, mais c'est là un désir dont la réalisation n'est pas facile), nous avons cherché, dès le début, à obtenir pour nos élèves l'entrée dans les services hospitaliers de l'Assistance publique. Ce n'est pas sans peines et sans luttes que cette faveur nous a été concédée; nous nous sommes heurtés à bien des préventions, et il nous a fallu surmonter des difficultés de tous genres. Heureusement nous avons eu gain de cause, et l'Assistance publique, à laquelle je m'empresse de témoigner ici notre profonde reconnaissance, a permis à nos élèves l'accès dans ses services. Toute élève de l'Union en possession de son diplôme d'infirmière hospitalière a passé par l'hôpital, elle y a fait un stage de trois mois au moins, et ce n'est d'ailleurs que sur le vu d'un certificat de stage délivré par le chef de service qu'elle est admise à passer l'examen du deuxième degré, l'examen définitif, c'est-à-dire celui qui lui donne droit au diplôme d'infirmière hospitalière. J'ai dit : un stage de trois mois au moins, qui est absolument obligatoire, et j'ai la satisfaction d'ajouter que beaucoup de nos élèves demandent à renouveler ce stage et font ainsi un séjour de six mois dans les hôpitaux. L'instruction du personnel est donc des plus complète, tant au point de vue pratique qu'au point de vue théorique.

Malgré cela, je crois, avec M. Riant, que le danger qui résulte de la délivrance de diplômes à des personnes étrangères à la médecine n'en existe pas moins, et qu'il doit être pris en sérieuse considération. Mais j'estime que les inconvénients ne sont pas aussi grands qu'on serait tenté de le croire tout d'abord. Nous nous adressons, en général, à un personnel suffisamment intelligent pour se rendre lui-même compte de l'écueil, et nos élèves comprennent, sinon toutes, du moins pour la plupart, qu'après avoir acquis les connaissances techniques nécessaires, elles n'en doivent pas moins toujours et dans toutes circonstances rester au second plan, et se contenter d'être pour le médecin des auxiliaires précieux, mais rien que des auxiliaires. Du reste, nos professeurs s'efforcent continuellement de prémunir les élèves contre le danger qui peut résulter d'une instruction un peu superficielle, et dans les cours faits par l'Union des femmes de France, on ne cesse de mettre en lumière combien l'intervention d'une personne qui n'a pas, en médecine ou en chirurgie, des connaissances approfondies, peut être préjudiciable aux malades et aux blessés. En réalité, ce que nous enseignons surtout à nos élèves, ce n'est pas tant de bien faire que de ne pas mal faire : *primo non nocere.* Obtenir de personnes étrangères à la médecine de ne pas intervenir d'une manière intempestive, et de se contenter de donner les secours absolument urgents, n'est ce pas faire œuvre suffisamment utile, et n'est-ce pas là le véritable esprit qui doit dominer dans l'enseignement donné par les Sociétés de secours ?

Permettez-moi donc, en terminant, de vous dire que j'ai pleine et entière confiance dans les élèves que nous avons formées jusqu'à présent ; ma conviction intime et profonde est que, le cas échéant, nous trouverions en elles, non seulement des aides bien préparées, possédant une instruction solide, mais aussi, ce qui est un point capital, des aides dociles et très bien disciplinées. (*Applaudissements.*)

M. le docteur Duchaussoy rappelle que l'enseignement des éléments de médecine nécessaire aux infirmières a commencé en 1877 à la mairie du VIᵉ arrondissement de Paris, place Saint-Sulpice. Dès cette année, on délivra des diplômes. — M. le comte Serrurier, qui avait suivi cet enseignement, proposa à la Société de secours aux blessés d'en fonder un analogue.

Immédiatement, des objections s'élevèrent contre le diplôme qui, disait-on, pourrait inspirer à ceux qui le posséderaient une suffisance pleine de danger.

Ces craintes ne se sont pas réalisées, grâce à la précaution qu'on a prise de bien faire comprendre aux élèves infirmières qu'elles ne doivent jamais sortir de leur rôle qui est d'être des auxiliaires intelligentes et soumises des médecins.

Les examens passés par ces élèves ont été, pour la plupart, fort brillants, et les professeurs de la Faculté ont déclaré qu'ils ne connaissaient pas de meilleur enseignement que celui qui a été créé par l'Association des Dames françaises. (*Applaudissements.*)

M. le docteur Galvani (Grèce) dit qu'il a admiré, comme tout le monde, le matériel des sociétés de secours qui est exposé à l'Esplanade des Invalides. Mais il demande pourquoi, à côté du matériel d'hospitalisation, à côté des ambulances de concentration, on n'a pas exposé les moyens dont on dispose pour venir au secours des blessés sur les champs de bataille mêmes.

M. le Président répond que les sociétés privées qui ont exposé leur matériel à l'Esplanade des Invalides sont destinées à soigner les blessés loin des champs de bataille.

M. le médecin-major Schneider ajoute que les soins à donner aux blessés sur les champs de bataille, ainsi que les opérations de l'évacuation des blessés, appartiennent de droit au service de santé militaire ; il y aurait inconvément, du reste, à discuter dans un Congrès cette question qui est d'ordre purement militaire.

M. le docteur FÉLIX (Belgique) se demande si, comme moyen de propagande, on ne pourrait pas créer une œuvre internationale du Sou pour les blessés. — Hier, pendant toute la journée, l'orateur, en visitant l'Exposition, a été frappé de voir l'intérêt que tout le monde prenait à l'exposition des œuvres d'assistance. — Le peuple est certainement avide de participer à ces œuvres, et beaucoup de personnes qui n'ont pas le moyen de donner 10 francs ou 5 francs, adhéreraient avec bonheur à l'une quelconque de ces sociétés, si on ne leur demandait que quelques sous.

On vient de dire qu'une société française possédait pour un million de francs de matériel. Tous les pays ne peuvent prétendre à un aussi beau résultat, et peut-être qu'en ne demandant à chacun que quelques sous, on arriverait à récolter des sommes importantes.

On pourrait aussi avec profit demander le concours de la presse.

M. le docteur DUCHAUSSOY fait remarquer qu'à l'Association des dames françaises, à côté des membres qui payent une cotisation, il y a des personnes qui, n'ayant pas le moyen de payer une cotisation quelconque, s'engagent cependant, en cas de guerre, à rendre divers services. Il y a des femmes qui se font inscrire pour faire la cuisine ou pour laver le linge.

M. FURLEY (Angleterre) estime que ce qui refroidit quelquefois le zèle de ces sortes de sociétés, c'est l'idée qu'on n'aura jamais à tirer parti des ressources qu'on amasse.

Le public ne se prépare pas à la guerre, parce qu'il croit que la guerre n'éclatera pas. Le meilleur moyen de stimuler le zèle des futures infirmières, c'est de tirer immédiatement parti de leur dévouement en se servant d'elles pour soulager les misères en temps de paix.

Quant aux diplômes délivrés aux infirmières, l'orateur les approuve. En Angleterre, toute femme ayant obtenu un premier diplôme s'efforce de passer les deux nouveaux examens qui lui vaudront le droit de donner les premiers soins aux blessés.

M. le colonel WILSON (Pays-Bas) se demande si on ne pourrait pas faire de la propagande par l'école. Les femmes anglaises et américaines ont toutes quelques notions de médecine pratique. Si un accident arrive à son enfant, la mère sera capable de donner les premiers soins. Pourquoi dans toutes les écoles ne donnerait-on pas aux enfants, surtout aux jeunes filles, quelques notions d'hygiène, et ne leur apprendrait-on pas ce qu'on enseigne à une infirmière ?

M. le docteur RIANT, qui professe l'hygiène depuis dix-huit ans au lycée Charlemagne et à l'École normale de la Seine, répond qu'au lycée Charlemagne, à Paris, et dans toutes les écoles normales d'instituteurs et d'institutrices de France, ces cours ont lieu. L'institution est peut-être trop nouvelle pour avoir encore donné tous les résultats désirables; mais le principe est posé et largement appliqué.

M. le docteur NEUMANN dit qu'à la Faculté de théologie protestante, on a institué des cours de ce genre, qui sont très suivis.

En ce qui concerne la proposition de M. le docteur Félix, l'orateur rappelle qu'à l'Union des femmes de France, comme à l'Association des Dames françaises, il y a des personnes qui ne versent aucune cotisation. L'idée de récolter sou à sou des sommes importantes pourrait peut-être être réalisée à l'aide de troncs que l'on placerait en divers endroits.

M. L. RENAULT fait observer qu'il a précisément reçu une lettre par laquelle M. Henri Chrétien, secrétaire du Comité de Sainte-Menehould (Société française de secours aux blessés), le prie de demander au Congrès s'il ne croirait pas opportun de proposer d'établir dans toutes les gares un tronc de la Croix rouge.

L'orateur estime qu'il est bon de faire appel aux sous, aussi bien qu'aux francs, mais à la condition que cette souscription conserve un caractère national.

Si l'on créait une Œuvre internationale du Sou des blessés, on se heurterait à des difficultés énormes quand il s'agirait de se partager un capital ainsi constitué.

M. LE PRÉSIDENT dit qu'à l'origine des sociétés de secours aux blessés, on avait songé à faire une œuvre internationale, mais on a dû bientôt renoncer à cette idée et aboutir à des œuvres nationales.

Au congrès de Carlsruhe, on a déclaré que chaque société devait avoir un caractère national, et être l'auxiliaire de l'armée nationale.

Cette organisation n'empêchera pas une nation d'en aider une autre.

En 1870, au moment de ses malheurs, la France a reçu de tous les points du monde des témoignages de sympathie; des ambulances étrangères sont venues chez nous nous apporter des secours. Les mêmes sentiments se feraient jour demain si la guerre éclatait sur un point quelconque du globe.

M. le général PÉAN rappelle que la Croix-Rouge de France a envoyé des secours aux belligérants pendant la guerre turco-russe.

M. le docteur FÉLIX (Belgique) fait observer qu'en proposant de créer une Œuvre internationale du Sou des blessés, il n'a point entendu dire que toutes les sommes récoltées seraient mises en commun. Dans sa pensée, chaque nation récolterait ses oboles pour ses propres besoins. L'idée d'établir des troncs est sans doute bonne, mais un système qui supprimerait l'anonymat du donateur et qui attacherait ce donateur à une société par un lien quelconque serait évidemment plus efficace.

M. L. RENAULT regrette, comme M. le docteur Riant, que la Convention de Genève ne soit pas mieux connue. Il serait cependant essentiel de savoir quels sont les droits et les devoirs qui résultent pour chaque nation de cette Convention. laquelle n'a pas parlé des sociétés privées, parce que ces sociétés s'identifient avec le belligérant. Il est nécessaire que le public se familiarise avec ces questions, et puisqu'on a fait appel à lui, l'orateur déclare que son concours est acquis à toutes les sociétés qui désireraient propager l'étude de cette question de droit international.

La Convention de Genève est peut-être l'acte international le plus important du XIXᵉ siècle; elle consacre des droits; elle interdit. dans la guerre. toute rigueur inutile. Mais si l'on admet facilement le respect des blessés. il est plus difficile d'assurer le respect du personnel sanitaire. Il peut y avoir pour le médecin des situations très délicates dans lesquelles la connaissance du droit lui serait d'un grand secours.

M. JAEGERSCHMIDT, qui a eu l'honneur, comme plénipotentiaire français, de signer la Convention de Genève, confirme les paroles de M. Renault; il reconnait que si cette Convention n'a pas parlé des sociétés de secours, c'est cependant à la suite de sa conclusion que sont nées les sociétés d'assistance en temps de guerre.

M. LE PRÉSIDENT dit que. bien que non prévues par la Convention de Genève, les sociétés de secours se réclament d'elle légitimement; elles existent par la force des services rendus; elles font définitivement partie de l'organisme militaire de tous les États, et continueront à se développer pour le plus grand bien de l'humanité. (*Applaudissements.*)

M. le docteur PETRESCO (Roumanie) appuie les conclusions du rapport de M. le docteur Riant. Étant donné l'utilité qu'il y a à développer la propagande en faveur des œuvres de la Croix rouge et à augmenter le personnel charitable, devant les sentiments unanimes du Congrès à reconnaitre l'intérêt qui s'attache au développement des sociétés privées d'assistance en temps de guerre, l'orateur propose à l'assemblée d'émettre le vœu suivant :

Le Congrès émet le vœu que les sociétés de secours. chacune dans la sphère qui lui est tracée, redoublent d'efforts pour augmenter le nombre de leurs adhérents. et pour assurer, par une bonne préparation de leur personnel et de leur matériel, le succès de leur mission charitable et patriotique.

Le vœu proposé par M. le docteur Petresco est adopté à l'unanimité.

L'ordre du jour appelle la question n° 6 du programme : *Assainissement des champs de bataille.*

M. le médecin-major SCHNEIDER. *rapporteur*. donne lecture de son rapport ainsi conçu :

« Une des fonctions les plus importantes du service de santé militaire en temps de guerre est l'assainissement du champ de bataille. Le devoir du médecin n'est pas en effet terminé quand il a assuré le transport des blessés et les soins que comporte leur état.

« C'est à lui qu'incombe l'obligation de proposer les mesures qui doivent présider aux inhumations, à quelque nation qu'appartiennent les morts, et préserver les populations des épidémies que ne manquerait pas de causer l'infection de l'air, de l'eau et du sol produite par la décomposition des cadavres et par celle des détritus de toute sorte provenant d'une bataille sanglante et du passage des armées.

« C'est au vainqueur, maître du champ de bataille, qu'appartient le pieux devoir de faire enterrer les morts; c'est à lui de prendre les plus grandes précautions hygiéniques pour ses ambulances et ses hôpitaux de campagne dont quelques-uns vont être immobilisés sur le lieu même de l'action. Quelquefois aussi il sera obligé de faire camper tout ou partie de ses troupes à proximité du champ de bataille comme, par exemple, dans les guerres de siège. Enfin, il y aurait danger à créer des foyers épidémiques derrière lui parmi les populations civiles avec lesquelles son armée est et restera en constantes relations.

« L'histoire des guerres anciennes et modernes, les idées que l'on a actuellement sur les maladies infectieuses, ne laissent aucun doute sur l'influence que l'infection du sol, de l'air et de l'eau exercent sur la production des épidémies. Un vieux dicton populaire le proclame : *Après la guerre, la peste.* Lycurgue, Thucydide, Plutarque, Galien, saint Augustin, Ambroise Paré, de Lassone et tous les modernes ont décrit des épidémies consécutives aux guerres et particulièrement aux amas de cadavres en putréfaction.

« Dans ces dernières années, tous les congrès d'hygiène ou d'assistance en temps de guerre se sont préoccupés de l'assainissement du champ de bataille. On avait même pensé que, pour rendre plus facile aux belligérants l'accomplissement de tout ce qui se rapporte aux inhumations et aux mesures d'assainissement qui pourraient devenir nécessaires, il y aurait lieu de créer une société spéciale dite de la *Croix noire;* mais des difficultés de toute nature ont fait renoncer à ce projet. Du reste, le service de santé militaire et les sociétés de secours sont naturellement appelés à remplir ces devoirs.

« Dans l'assainissement du champ de bataille, il y a deux questions à considérer : les inhumations et la désinfection.

« *Inhumations.* — Il est de toute évidence que l'on doit commencer le plus tôt possible, après le combat, à faire disparaître les cadavres d'hommes et d'animaux: c'est d'après les ordres exprès du commandement que l'on procède aux inhumations après les combats, et son premier soin est de faire constater la réalité de la mort. Aux médecins militaires incombe cette constatation, d'autant plus indispensable que les inhumations suivront de plus près le combat. Sans doute, il n'est pas possible d'hésiter sur la réalité de la mort après les affreuses mutilations que déterminent les gros projectiles: mais on conçoit que l'opinion publique puisse s'émouvoir à la pensée que des blessés épuisés par la perte de sang pourraient être tenus pour morts et enterrés précipitamment, alors qu'un peu d'attention et des soins éclairés auraient pu les faire revenir de l'état de mort apparente où une syncope prolongée les avait plongés. Ce n'est pas que les signes de la mort réelle ne sont pas parfaitement certains: un homme de l'art n'a jamais besoin d'attendre que la décomposition putride vienne confirmer la mort réelle; mais il faut se rappeler que nous parlons ici des inhumations pratiquées d'urgence, et il importe qu'aucun doute ne puisse subsister sur la réalité de la mort : un médecin seul peut se prononcer avec compétence scientifique et légale, les officiers délégués par les corps de troupe auxquels les morts peuvent appartenir, les officiers d'administration des ambulances n'étant en principe chargés que de dresser les actes de l'état civil auxquels la constatation de la mort et de sa cause donne lieu.

« Il est d'usage que des corvées militaires soient commandées pour creuser les fosses et procéder aux inhumations, mais il est également de principe que l'on doit réquisitionner dans la population civile du théâtre du combat tous les hommes en état de participer à ce travail. Les corvées ainsi constituées procéderont aux inhumations d'une façon méthodique et continue, d'après les indications du médecin et les ordres du commandement, et ne devront se dissoudre qu'après le parfait accomplissement de leur funèbre tâche.

« Ici se pose la question d'identité des décédés; il y a intérêt absolu à connaître les morts et à faire disparaître la lugubre et trop nombreuse liste des disparus. On mettrait ainsi fin à beaucoup de douloureuses incertitudes, et c'est d'autant plus à désirer que l'acte de disparition (procès-verbal servant de point de départ à l'appréciation des tribunaux, lorsqu'il s'agit de statuer sur une demande en déclaration d'absence) *ne constitue pas un acte de l'état civil*, et pour les licitations, liquidations de successions, etc., entraîne d'interminables et pénibles atermoiements.

« C'est pour obvier à ces inconvénients que certaines armées ont adopté la *plaque d'identité*. La première idée en remonte à la guerre de sécession américaine; chaque soldat fédéral portait au cou une carte de parchemin indiquant son nom, son adresse, sa situation militaire. Pendant le siège de Paris, quelques colonels firent coudre à l'intérieur de la capote de leurs soldats un morceau de toile portant des indications analogues.

« Les Allemands portent une plaque de fer-blanc indiquant le corps d'armée, le régiment, la compagnie, le numéro matricule.

« L'armée française possède, depuis le 12 octobre 1883, une plaque d'identité en maillechort, dont la description est donnée par la notice n° 2 de service de santé en campagne et contenant les indications suivantes :

« Au recto, l'indication du nom, du prénom usuel et de la classe à laquelle l'homme appartient;

« Au verso, l'indication de la subdivision de région et du numéro du registre matricule du recrutement.

« En campagne, chaque homme porte cette médaille au cou, au moyen d'un cordonnet. Rien ne sera donc plus facile que de l'enlever au cadavre avant son inhumation et de la faire parvenir à qui de droit. Les prescriptions réglementaires ne laissent place à aucune incertitude à cet égard.

« Le soin de procéder aux inhumations revient, comme nous l'avons dit, au service de santé militaire.

« Nous verrons plus tard quelle est la partie de l'assainissement du champ de bataille qui incombe aux Sociétés de la Croix rouge.

« Et d'abord, quelle sorte de sépulture donnera-t-on aux cadavres humains ?

« L'inhumation a été, chez toutes les nations, l'usage le plus général ; les Grecs et les Romains n'employaient l'incinération que pour les corps des grands personnages dont ils conservaient religieusement les cendres.

« Sur le champ de bataille, les Romains se bornaient le plus souvent à enterrer les guerriers qui avaient succombé et élevaient des tumuli sur leurs ossements.

« Les anciens Gaulois et les Germains ne brûlaient que les corps de leurs chefs.

« Les premiers chrétiens pratiquaient la crémation ; la nécessité de dérober aux profanations des païens les dépouilles de leurs martyrs leur en faisait pour ainsi dire une loi.

« Il serait facile de démontrer, par des citations nombreuses, que l'inhumation s'est pratiquée comme méthode générale de tout temps et chez toutes les nations.

« C'est à elle que l'on devra toujours avoir recours, quel que soit le nombre des morts. Mais, si urgente qu'elle puisse être, quelque nombreux que soient les cadavres humains, elle exige des précautions toutes particulières dont l'exécution ou l'inobservation a sur l'hygiène du champ de bataille et sur celle des localités qui l'avoisinent, une action directe.

« Le premier soin est de choisir un terrain convenable. Assurément, à la suite d'une grande bataille qui a occupé plusieurs lieues, on ne peut pas songer au transport des cadavres à trop longue distance ; on sera donc porté à les enterrer à proximité de l'endroit où ils sont tombés ; mais encore faut-il choisir le terrain et l'endroit favorables. Ainsi, il ne faut pas enterrer les morts auprès des fermes ou des points que l'on a choisis pour l'emplacement d'un hôpital de campagne ; à plus forte raison, doit-on s'abstenir d'enterrer dans les lieux habités, comme, du reste, l'interdit le décret du 23 prairial an XII.

« En principe, un cimetière doit être situé en bas et non en haut, par rapport à un lieu habité ; on doit éviter de l'établir près d'une route fréquentée, près d'une rivière, d'une source ou d'une chute d'eau, ou dans tout endroit pouvant à un moment donné être inondé.

« Les terrains secs, perméables, légèrement inclinés, dépourvus d'arbres, sont choisis de préférence. (*Service de santé en campagne de l'armée française*, notice n° 5.)

« La nature du terrain a, en effet, beaucoup d'influence sur la décomposition des cadavres. M. Créteur a classé les terres en trois catégories : 1° terres à décomposition rapide des matières animales, terrains siliceux et calcaires ; 2° terres mixtes, terrains schisteux, calco-schisteux et schisteux à fond granitique ; 3° terres à décomposition lente (sols d'alluvion argileux ou argilo-calcaires). Comme il a été dit plus haut, il faut éviter la proximité de l'eau, et cela, non seulement parce qu'il y a danger d'infecter l'eau potable, mais aussi parce que l'action de l'eau sur les cadavres retarde considérablement la putréfaction. Si l'on ne peut pas empêcher la présence de l'eau du sous-sol, on devra plus tard drainer le terrain d'inhumation. Erismann, dans son livre sur la désinfection des champs de bataille de la guerre russo-turque, rapporte que les morts de l'hôpital de campagne russe n° 50 avaient été enterrés dans un terrain situé entre deux collines, près de la route de Sistow à Zarewitz; il arriva qu'au printemps, par suite de la fonte des neiges, les cadavres étaient sous l'eau; or il existait à côté du cimetière une source très fréquentée, et, comme on ne pouvait songer à déterrer les nombreux cadavres et à les porter au loin, on dessécha le cimetière par le drainage; cette opération fut suivie d'un succès complet.

« Le règlement français recommande de creuser les fosses à une profondeur de deux mètres au minimum et, autant que possible, de ne pas placer dans une même fosse plus de six cadavres disposés sur deux rangées.

« Il faudrait donc multiplier les fosses; mais outre que le travail d'inhumation, après une bataille sanglante, en serait considérablement augmenté, il n'est pas sans inconvénient d'étendre sans absolue nécessité la surface du terrain à consacrer aux sépultures.

« Dans la pratique et sur les points où le combat a été particulièrement acharné, on sera obligé d'employer de vastes fosses communes.

« Dans ce cas, il sera indispensable de creuser très profondément le sol, de telle sorte que la rangée de cadavres la plus superficielle soit au moins à deux mètres au-dessous du niveau du sol.

« Au fond de la fosse, on disposera quelques branchages pour faciliter l'écoulement de l'eau et le drainage du sol, puis les cadavres seront superposés par couches et, de préférence, en séries perpendiculaires entre elles.

« Il y aurait tout avantage à dépouiller les corps de leurs vêtements, car les parties couvertes de pièces d'habillement résistent beaucoup plus longtemps à la destruction; on conçoit cependant que ce qui peut se faire après de petites affaires soit impraticable après les batailles.

« Lorsque les ressources le permettent, il convient de recouvrir les cadavres avec de la chaux vive; mais le plus souvent elle fait vite défaut: on emploiera alors des cendres de charbon de bois, des scories de chaudières à vapeur, etc.

« Les déblais enlevés pour creuser les fosses serviront à recouvrir les cadavres et à élever des tumuli.

« Tout le terrain devra être semé de plantes fourragères à croissance rapide, celles qui sont avides d'azote, comme le trèfle ou l'avoine, ou encore la luzerne, le maïs, le chanvre. Les racines pénétrant profondément dans le sol conviennent le mieux, parce qu'elles vont absorber les produits ammoniacaux et l'acide carbonique au moment même de leur dégagement, et activent, par leur présence, la rapidité de la décomposition putride.

« Il résulte du témoignage des fossoyeurs que la décomposition marche invariablement avec plus de rapidité dans le voisinage des racines d'arbres que dans les autres parties du cimetière, que la terre est toujours plus sèche autour des racines qu'ailleurs, que les fibres de ces racines se dirigent du côté des tombes, et souvent même pénètrent dans les fentes du bois des cercueils. Il est donc probable que ces racines sont activement et incessamment employées à absorber les produits de décomposition, à mesure qu'ils se forment, et préviennent de cette manière leur dégagement à la surface du sol et aussi leurs pernicieux effets.

« Il est d'usage d'enterrer isolément les officiers ; il arrive très fréquemment que leurs familles demandent à les faire transporter auprès d'elles, et ces autorisations sont toujours accordées, lorsque la santé publique ne doit pas être compromise par l'exhumation et le transfèrement des corps.

« Nous n'avons jusqu'ici parlé que des cadavres humains. Les mêmes principes d'inhumation s'appliquent aux animaux tués pendant le combat : dans ce cas, les fosses devront être notablement plus profondes; mais pour ceux-ci, on pourra peut-être avoir d'emblée recours à la crémation.

« Il ne serait pas sage, au soir d'une bataille, de ne pas mettre à profit les ressources alimentaires que fournit la viande des chevaux tués pendant le combat; elle constitue une excellente alimentation pour le soldat, abondante autant que réparatrice. Aussi ne devrait-on jamais négliger cette ressource de premier ordre dans le moment où le soldat a besoin d'une alimentation richement animalisée, et où il est si difficile de se procurer des vivres. Mais après que l'on a prélevé cet utile tribut sur l'ensemble, il reste une masse énorme de carcasses de chevaux et de mulets à enfouir; travail considérable et excessif que l'on pourrait simplifier sans inquiétude pour l'esprit public, en brûlant les cadavres des chevaux, comme d'ailleurs tous les détritus laissés par l'armée. Cette pratique a fait ses preuves dans des circonstances bien différentes; on n'a pu toutefois l'ordonner que sous l'empire de la plus impérieuse nécessité.

« M. Créteur, chimiste belge, membre de la Commission d'assainissement du champ de bataille de Sedan, en 1871, n'hésita pas à employer la crémation pour remplir le rôle qui lui était confié.

« Il opérait, il est vrai, sur des cadavres inhumés depuis plusieurs mois : ne considérons ici que le procédé qu'il a suivi. Il enlevait la terre de la fosse jusqu'à ce qu'il arrivât sur la couche noire fétide en contact immédiat avec les cadavres. Il arrosait cette terre avec de l'eau phéniquée, puis la faisait enlever; quand les cadavres étaient à découvert, il faisait couler sur eux une épaisse couche de goudron et l'enflammait ensuite avec de la paille imbibée de pétrole. Au bout d'une heure environ, il ne restait plus que « des os calcinés « enveloppés d'une couche de *brai* sec, qui les mettait à l'abri de l'influence « extérieure ». Le contenu de la fosse était réduit des trois quarts environ et l'opération ne revenait qu'à 0 fr. 15 par cadavre. L'autorité allemande ne permit pas que l'on continuât à agir ainsi, mais c'était parce que M. Créteur opérait sur des cadavres humains.

« Ce que l'opinion se refuse à admettre pour les dépouilles humaines, pourrait sans doute être adopté pour les cadavres d'animaux et les détritus et immondices du champ de bataille, car il ne faut pas croire que la crémation soit chose si difficile à réaliser sur place. Les horreurs de la guerre ont eu souvent pour conséquence de ne laisser aux chefs de l'armée d'autre moyen pour préserver leurs soldats et les populations des maladies pestilentielles. Après la prise de Tarragone en Espagne, on dut se résoudre à brûler 4,000 cadavres, soit hors des murs, soit sur les places de la ville, au moyen de bûchers gigantesques ; on arriva ainsi à une combustion très complète. Dans la campagne de Russie, les Russes brûlèrent les monceaux de corps que l'armée française, dans sa retraite précipitée, laissait derrière elle sans sépulture. En 1814, après la bataille de Paris, les Allemands transportèrent à Montfaucon les cadavres qui s'étaient rapidement putréfiés sous l'influence d'une élévation rapide de la température extérieure. Placés sur de grands foyers formés simplement de longues barres de fer soutenues par des pierres, 4,000 corps furent détruits par le feu dans l'espace de quatorze jours. Ce que des nécessités impérieuses et pressantes ont contraint de faire pour des cadavres humains dont les émanations fétides étaient un danger grave pour la santé publique pourrait être admis en principe en ce qui concerne les cadavres d'animaux, au grand avantage de l'hygiène.

« Il serait bien difficile d'employer à cet usage les fours crématoires mobiles, dont la capacité est nécessairement restreinte, et dont on ne saurait encombrer les convois d'une armée.

« Le règlement allemand de 1878 n'a pas exclu l'incinération, mais il exige qu'elle puisse être exécutée en vase clos. Il réserve du reste provisoirement ce procédé pour les cadavres d'animaux. Réduire à ces procédés l'incinération des cadavres d'animaux, c'est la rendre impraticable après les grandes affaires, c'est-à-dire dans les seules circonstances de guerre où elle pourrait rendre les plus grands services. Si donc on décidait d'y avoir recours, il conviendrait que ce fût d'après les procédés employés par M. Créteur.

« *Désinfection*. — Nous arrivons maintenant à la seconde partie de notre sujet, la désinfection du champ de bataille.

« Ce service, qui ne doit se faire que quelque temps après les hostilités, pourra avec avantage être confié, sous la direction et la surveillance de l'autorité militaire, aux sociétés de secours, et aux commissions d'hygiène régionales.

« La viciation de l'air par la déflagration de la poudre n'est évidemment que passagère sur le champ de bataille ; les courants atmosphériques, les orages qui succèdent si fréquemment aux grandes décharges de mousqueterie et d'artillerie, ont suffi, en effet, pour balayer les gaz délétères ; mais il est une autre infection de l'atmosphère, et celle-là plus tardive et plus dangereuse.

« L'inhumation d'un corps dans une fosse où il est recouvert de plusieurs pieds de terre n'empêche pas les gaz résultant de la putréfaction de pénétrer le sol environnant et de s'échapper dans l'air qui est au-dessus ou dans les nappes d'eau souterraines.

« Lorsque les gaz proviennent de foyers considérables, ils s'épandent dans tous les sens et ne paraissent qu'en faible partie absorbés par le sol. Il y a des gaz en particulier qui semblent résister plus spécialement à cette absorption du sol, par exemple l'hydrogène carboné, et surtout l'acide carbonique si dangereux pour les fossoyeurs.

« MM. Lacassagne et Dubuisson citent de nombreux exemples de la nocuité de ces gaz. Pour supprimer ceux-ci et les odeurs méphitiques qui se dégagent d'un champ de bataille, il faut désinfecter le sol lui-même, faire combler les fosses que les pluies ont excavé, et surcharger au contraire celles dont le sol aurait été soulevé par la poussée des gaz résultant de la putréfaction. C'est ici surtout que la crémation, selon la méthode de Créteur, peut rendre de grands services, car il y a un danger réel à mettre des ouvriers en contact avec des cadavres en pleine putréfaction ; nous devons cependant rapporter le procédé employé par un autre membre de la commission belge à Sedan ; M. Trouet se servait presque exclusivement d'un désinfectant fourni par un industriel français, M. Peyrat, et se composant des substances suivantes :

Chaux grasse en pierres......................	2,000 grammes.
Naphtaline..............................	1,000 —
Acide phénique..........................	30 —

« M. Trouet s'en servait principalement pour les cadavres retirés du lit de la Meuse ; il faisait couper de longs et larges suaires de toile et les saupoudrait de la poudre Peyrat. Dans chaque suaire, on plaçait un cadavre que l'on transportait dans une fosse préparée d'avance.

« Pour les cadavres enterrés à une profondeur insuffisante, il procédait ainsi qu'il suit : il plaçait à la surface de la tombe une couche de chaux de 20 centimètres d'épaisseur, il creusait ensuite un fossé circulaire dont il rejetait la terre sur la chaux de façon à former un tumulus important.

« Quand les Allemands entrèrent dans Metz en 1870, la ville regorgeait de malades et de blessés ; partout il y avait une quantité considérable de détritus de toutes sortes. On rencontrait de tous côtés des cadavres de chevaux ; la ville était encombrée, et les latrines n'avaient pu être vidées depuis le commencement du blocus. A toutes ces causes d'infection s'ajoutaient les foyers provenant des champs de bataille proches de Metz. Les Allemands nommèrent une commission chargée de la désinfection. Elle employa 1,500 ouvriers, et porta son action sur les lieux de campement, sur les villages, sur les champs de bataille. On brûla et on enfouit sous la chaux vive les détritus de toutes sortes ; on loua pour trois ans le terrain qui avait servi au campement des troupes, en imposant comme condition de l'ensemencer de trèfle ou d'avoine.

« Partout où le pavé avait été souillé, il fut enlevé et remplacé par un pavé très serré reposant sur un mélange de chaux et de charbon : les murs des maisons furent grattés et blanchis à la chaux. Pour les tombes, l'opération fut plus délicate : on se borna à exhumer là seulement où il y avait danger que les émanations putrides ne vinssent contaminer un puits ou une source. On a fait de même en cas de voisinage trop immédiat d'un lieu habité.

Quand une tombe était trop superficielle, on faisait une tranchée allant à une certaine profondeur sous les cadavres; on étayait ceux-ci au moyen de planches et de fascines; puis, après avoir fait un lit de chaux vive et de désinfectants, on retirait les étais et on précipitait dans la nouvelle fosse la totalité de la tombe; enfin, partout on élevait des tumuli et on semait des plantes fourragères.

« On opéra à peu près de la même façon à Paris.

« Après la campagne des Balkans, une commission d'assainissement fut constituée. Erismann rapporte qu'elle fit enterrer 450 cadavres humains qu'elle trouva sans sépulture; elle améliora 8,000 tombes, désinfecta 32 hôpitaux de campagne et employa pour ses nombreux travaux 23,798 ouvriers civils et 4,509 soldats, 455 voitures louées et 2,783 fourgons militaires.

« On voit par ces exemples combien l'hygiène du champ de bataille a fait de progrès dans ces derniers temps.

« C'est dans cette voie qu'il faut persévérer; les résultats pratiques, l'absence d'épidémies graves après les dernières guerres sont un encouragement suffisant pour redoubler de persévérante volonté dans l'accomplissement de ce devoir.

« Pour nous résumer, nous dirons que la Commission d'assainissement devra opérer la désinfection des hôpitaux, des maisons ayant servi d'ambulance, des effets de vêtement, de literie, etc., du sol des camps et du champ de bataille, des rivières, cours d'eau, étangs, etc., situés dans le voisinage, drainer le terrain s'il est marécageux ou inondé facilement, épurer les eaux d'alimentation, veiller à l'enlèvement ou l'enterrement des matières fécales, à la destruction par le feu des détritus et immondices de toutes sortes, élever partout des tumuli, exécuter des plantations d'arbres, des semailles de plantes fourragères hâtives, etc.

« Quels sont les meilleurs désinfectants ?

« Après les moyens physiques, tels que l'incinération et la stérilisation par la chaleur sèche ou humide (fours, étuves, etc.), on devra recourir à tous les antiseptiques et corrosifs, pulvérulents, liquides ou gazeux.

« On aura avantage à employer les vaporisations de soufre dans les habitations, et pour la désinfection du sol, les sulfates de fer, de cuivre, de zinc, les chlorures de chaux, de zinc, etc., les acides sulfurique, chlorhydrique, nitrique, l'acide phénique, le bichlorure de mercure, la chaux vive, la poudre de charbon, le pétrole, l'huile lourde de houille.

« Il faut tout faire pour détruire sur place les germes des affections contagieuses et épidémiques, telles que le typhus, la fièvre typhoïde, la variole, etc., plus meurtrières pendant et après les opérations que ne le sont toutes les batailles.

« Le *Reglement für den Sanitäts Dienst des K. K. Heeres* (Vienne, 1879) recommande au médecin chef de faire munir d'avance de tous ces moyens de désinfection les dépôts des médicaments de campagne, afin de les avoir sous la main au moment voulu.

« L'armée française possède dès à présent des approvisionnements de ce genre dans toutes les places de guerre.

« Tout fait donc espérer que dorénavant, pénétrés de l'importance de l'assainissement du champ de bataille et disposant des moyens matériels, les médecins de l'armée et ceux des sociétés de secours seront à la hauteur de leurs fonctions, et assureront d'une manière définitive la prophylaxie des épidémies qui tiennent une si lugubre place dans les annales militaires et médicales de tous les peuples, épidémies non moins déplorables que le fléau dont elles étaient autrefois l'inévitable et funeste conséquence (1). » (*Applaudissements.*)

M. le docteur Félix (Belgique). L'assainissement des champs de bataille est une question de la plus haute importance parce qu'elle intéresse l'hygiène et la santé, non seulement des armées qui passent, mais surtout la santé des populations qui sont attachées au sol. S'il entre dans les lois humaines que les soldats morts au champ d'honneur soient inhumés au plus tôt par leurs frères d'armes, souvent ces inhumations sont faites dans des conditions insuffisantes. Il faut donc qu'après la cessation des hostilités les champs de bataille soient assainis d'après les principes consacrés par la science et par la pratique ; ce travail pénible, coûteux, mais absolument nécessaire — ce qui s'est passé en 1870 à la frontière belge des Ardennes le prouve — ne peut être efficace sans une direction compétente. C'est pourquoi tous les gouvernements devraient non seulement intervenir, mais favoriser l'étude du problème de l'assainissement des champs de bataille, comme le comportent les découvertes pastoriennes.

---

(1)　　　　BIBLIOGRAPHIE.

Service de santé en campagne de l'armée française. Notice n° 5 (25 août 1884).

Congrès d'hygiène de Turin (8ᵉ et 9ᵉ sections), 1880.

GUILLERY. — *Compte rendu raisonné de l'assainissement du champ de bataille.* Bruxelles, 1871.

CRÉTEUR. — *L'hygiène sur les champs de bataille.* Bruxelles, 1871.

MORACHE. — *Traité d'hygiène militaire.* Paris, 1886.

LUEDER. — *La convention de Genève.* Paris, 1876.

CHASSAGNE et ÉMERY DESBROUSSES. — *Guide médical pratique de l'officier.* Paris, 1876.

ERISMANN. — *Die Desinfectionsarbeiten auf dem Kriegsschauplatze der Europäischen Turkei.* Munich, 1879.

PARKES. — *A manual of pratical hygiene.* London, 1889.

VIRY. — *Manuel d'hygiène militaire.* Paris, 1888.

TARDIEU. — Article *Inhumation* du Dictionnaire de Jaccoud.

LACASSAGNE et DUBUISSON. — Article *Crémation* du Dictionnaire de Dechambre.

VALLIN. — *Revue d'hygiène.*

Congrès de Turin. 1880.

Congrès d'hygiène de Bruxelles. 1876, publié en 1877.

FROLICH. — *Zu der Gesundheitspflege auf den Schlachtfeldern.* Deutsche militarische Zeitschrift, 1873.

En conséquence, M. le docteur Félix propose au Congrès d'émettre le vœu suivant :

Le Congrès émet le vœu que les études nécessaires à l'assainissement des champs de bataille après les hostilités soient poursuivies de la manière la plus complète dans tous les pays, conformément aux découvertes et aux procédés scientifiques, la solution de ce problème intéressant non seulement l'état sanitaire des armées en campagne, mais encore et surtout l'hygiène et la santé des populations.

Ce vœu, appuyé par M. le docteur Petresco (Roumanie), qui rappelle à ce sujet ce qui s'est passé sur les champs de bataille d'Orient après les hostilités des quinze dernières années, est adopté à l'unanimité.

La séance est levée à 6 heures.

Pein. — *Essai sur l'hygiène des champs de bataille.* Th. de Paris, 1873.

Roth und Lex. — *Handbuch der Militar-Gesundheitspflege.* Paris, 1872.

Archives de médecine et de pharmacie militaires. Paris, 1881, t. IV.

Lany. — *De l'incinération des cadavres sur le champ de bataille.* Allgemeine militär-arztliche Zeitung, 1874.

Ravenez. — *La vie du soldat.* Paris, 1889.

Marmier. — *Utilité de la crémation des cadavres à la suite des grandes batailles et des épidémies.* Th. de Paris, 1878.

Vallin. — *Traité des désinfectants.* Paris.

Heyfeldlr. — *Kriegs chirurgisches Vademecum.* Leipzig. 1874.

Deroux. — *Essai sur l'assainissement des champs de bataille.* Th. de Paris, 1878.

Reglement für den Sanitäts Dienst des K. K. Heeres. Vienne, 1879.

Notes sur les cimetières de la ville de Paris (Préfecture de la Seine), 1889.

Dr Du Mesnil. — *Rapport général au Conseil municipal de Paris,* 1881.

Chassaing. — *Note sur la crémation* (Conseil municipal, rapport n° 5 de 1889).

TROISIÈME SÉANCE

le vendredi 19 juillet 1889.

La séance est ouverte à 3 heures sous la présidence de M. le marquis DE VOGÜÉ.

Le procès-verbal de la séance précédente est lu.

M. le général PÉAX, à propos de la partie du procès-verbal relative à la discussion du rapport de M. le docteur Riant, se demande s'il ne conviendrait pas d'obliger toutes les nations qui ont signé la Convention de Genève, à avoir un nombre de sociétés d'assistance en rapport avec leurs besoins; car dans une guerre, celui qui reste maître du champ de bataille soigne ses blessés aussi bien que les blessés de l'ennemi. Tout le monde a donc intérêt à ce que les deux combattants soient, au point de vue des secours, aussi bien organisés que possible.

M. le docteur BOULOUMIÉ estime que c'est moins par l'obligation que par l'appel au dévouement et au patriotisme qu'on augmentera le nombre et l'importance des sociétés d'assistance.

M. LE PRÉSIDENT appuie l'observation de M. le docteur Bouloumié et fait remarquer qu'en tout cas le Congrès n'a aucun moyen d'imposer à qui que ce soit l'obligation de créer des sociétés d'assistance.

Le procès-verbal est approuvé.

M. le docteur DUCHAUSSOY demande la parole. Il rappelle l'attentat dont S. M. Dom Pedro, empereur du Brésil, a failli être victime. L'empereur Dom Pedro est membre d'honneur d'une des sociétés de la Croix rouge française. L'orateur propose au Congrès d'envoyer à l'Empereur du Brésil un témoignage de sa respectueuse sympathie à l'occasion de cet attentat criminel, et de prier M. le maréchal de Moraes-Ancora de transmettre cette adresse à son Souverain.

La proposition de M. le docteur DUCHAUSSOY est adoptée par acclamation.

M. le maréchal de MORAES-ANCORA (Brésil) remercie le Congrès au nom de son Souverain, à qui il s'empressera de faire parvenir l'adresse qui vient d'être votée.

L'ordre du jour appelle la discussion du rapport de M. Ed. ROMBERG sur la deuxième question du programme :

Rôle des sociétés privées dans l'assistance des prisonniers de guerre. — Envoi et distribution, sous le contrôle de l'autorité militaire, de secours en habillements, linge, livres, etc. — Introduction de ces objets en franchise de droits. — Exemption des taxes postales pour les lettres, mandats et articles d'argent, pour les prisonniers, les blessés et les malades. — Bureaux de renseignements.

M. Ed. Romberg présente son rapport dans les termes suivants :

« L'histoire des prisonniers de guerre se confond avec l'histoire même de la civilisation. Pendant longtemps l'hostilité des États s'étend aux individus; les vaincus subissent les conséquences les plus cruelles de la défaite. La mort, la vente comme esclaves, la captivité la plus dure, tels sont les traitements qui leur sont réservés, selon le caprice du vainqueur.

« Il en est ainsi, non seulement dans l'antiquité et au moyen âge, mais encore dans des temps beaucoup plus rapprochés de nous. Si les rigueurs fléchissent parfois, ce fait est moins le résultat du progrès des mœurs que la conséquence de sentiments personnels d'humanité. Le principe que les États sont en guerre, non les individus, en tant que simples particuliers, et que, comme le dit Dalloz, « la guerre même la plus juste ne peut légitimer que le « mal qu'il est absolument nécessaire de faire à l'ennemi », ce principe n'a fait que lentement son chemin dans la conscience générale et dans le droit des gens. C'est à Vattel, qui écrivait son traité de droit public vers le milieu du siècle dernier, que revient l'honneur d'avoir donné aux exigences de l'humanité une base juridique. Il déclare qu'on ne peut tuer un ennemi qui se soumet, ni le réduire en esclavage après qu'il s'est rendu; l'on doit renvoyer sur parole ceux que l'on ne peut garder ou nourrir, et quant aux autres, les traiter avec douceur, en se souvenant qu'ils sont hommes et malheureux.

« Le payement d'une rançon, qui existait déjà chez quelques peuples de la Grèce, mais que les Romains avaient défendu par une loi, devint la règle. Jusqu'à la guerre de Trente ans, tout militaire fait prisonnier sur le champ de bataille ou tout habitant d'une forteresse enlevée d'assaut est considéré comme la propriété de celui qui s'en était emparé, et il avait à racheter sa liberté en lui payant une somme en argent. Plus tard le prisonnier n'eut plus, en général, à remplir cette obligation envers celui qui s'en était rendu maître, mais la partie belligérante qui avait fait le moins de prisonniers devait payer une certaine somme à titre de compensation, lorsque l'échange s'établissait à la suite de la paix; pour la fixation de cette somme, on faisait aussi entrer en ligne de compte le grade militaire des prisonniers.

« Les actes diplomatiques du dix-huitième siècle, concernant l'exercice du droit de guerre, portent la trace du progrès des idées d'humanité qui commençaient à se répandre largement.

« On est amené à reconnaître cette vérité, que les États-Unis devaient inscrire plus tard dans leurs règlements militaires que « les hommes qui « prennent les armes les uns contre les autres dans une guerre régulière, ne « perdent point le caractère d'êtres moraux, responsables les uns envers les « autres et envers Dieu. »

« Dans une série de cartels entre la Prusse et l'Autriche (9 juillet 1741), la France et l'Angleterre (1743), la France et la Prusse (7 septembre 1759), la France et la Russie (15 octobre 1759), l'on rencontre des dispositions en faveur des prisonniers blessés ou malades, et d'autres clauses accordant une complète immunité aux non-combattants qui accompagnent l'armée. Mais ce progrès se manifeste surtout de la manière la plus remarquable dans le traité d'amitié et de commerce entre les États-Unis et la Prusse, signé à la Haye le 10 septembre 1785 ; cet acte renferme au sujet des prisonniers de guerre des stipulations qui pourraient servir de modèle encore aujourd'hui. Il porte, entre autres, qu'on assignera aux prisonniers, dans les territoires respectifs des parties contractantes, un séjour situé dans un air sain ; que les officiers seront relaxés sur leur parole d'honneur, dans l'enceinte de certains districts qui leur seront fixés, et qu'on leur accordera des logements commodes ; que les simples soldats seront distribués dans des cantonnements ouverts, assez vastes pour prendre l'air et l'exercice, et qu'ils seront logés dans des baraques aussi spacieuses et aussi commodes que le sont celles des troupes de la puissance au pouvoir de laquelle se trouvent les prisonniers ; que cette puissance fera pourvoir journellement les officiers d'autant de rations, composées des mêmes articles et de la même qualité dont jouissent, en nature ou en équivalent, les officiers du même rang qui sont à son propre service ; qu'elle fournira également à tous les autres prisonniers une ration pareille à celle qui est accordée aux soldats de sa propre armée. Il sera permis à chacune des deux puissances d'entretenir un commissaire de son choix dans chaque cantonnement des prisonniers qui sont au pouvoir de l'autre ; ces commissaires auront la liberté de visiter les prisonniers, aussi souvent qu'ils le désireront ; ils pourront également recevoir et distribuer les douceurs que les parents ou amis des prisonniers leur feront parvenir ; enfin, il leur sera libre encore de faire leurs rapports par lettres ouvertes à ceux qui les emploient.

« Peu d'années après, on voit la France, malgré les difficultés de la lutte qu'elle soutenait contre une grande partie de l'Europe, introduire dans sa législation intérieure un régime bienveillant pour les prisonniers. La loi du 20 juin 1792 les plaça sous la protection de la nation. Elle déclara qu'ils seraient garantis contre toute insulte et tout outrage, et que leur vie serait sacrée et inviolable. Le décret de la Convention du 25 mai 1793 repoussa toute idée de rançon pécuniaire dans l'échange des prisonniers ; il établit qu'on ne peut considérer comme prisonniers de guerre les personnes attachées au service des armées et qui ne font point partie des combattants. L'arrêté du 13 floréal an VII accordait aux prisonniers moitié de la solde française. D'après l'article 1 du décret impérial du 4 avril 1811, les prisonniers de guerre, ayant rang d'officier, pourront se rendre librement et sans escorte au lieu qui leur aura été désigné et y résider sans être détenus, après, toutefois, qu'ils auront donné leur parole de ne pas s'éloigner de la route qui leur aura été tracée, ni de sortir du lieu de leur résidence.

« Cette politique humaine fut malheureusement mise en oubli plus d'une fois dans les guerres qui ensanglantèrent la fin du siècle dernier et le commencement du nôtre. Rien ne démontre mieux la nécessité de mettre la puissance victorieuse en garde contre ses propres entraînements, par des stipulations formelles engageant tous les États, et dont l'exécution fidèle soit placée sous la sanction du droit international et de l'honneur commun.

« Un autre élément allait entrer en scène, par la force des choses, pour l'atténuation des maux de la guerre. Si les immenses nécessités créées par les guerres modernes ne sont pas au-dessus des forces des gouvernements et du patriotisme des peuples, l'administration officielle fut amenée à reconnaître toute l'utilité du concours qu'elle peut attendre de l'assistance privée pour l'aider à remédier aux souffrances que les rencontres des belligérants entraînent.

« Déjà, pendant le premier Empire, on avait vu la charité s'organiser sous une forme collective pour venir en aide aux prisonniers, aussi bien qu'aux blessés. En 1814, quelques femmes dévouées se réunirent à Francfort et créèrent une société qui distribua, avec le même empressement, des secours aux volontaires francfortois, aux militaires espagnols qui revenaient de captivité, et à des Français prisonniers et malades, recueillis dans les hôpitaux de la ville.

« Nous dépasserions le cadre de ce travail en montrant par quelle succession de faits, depuis la guerre du Sonderbund en 1847, jusqu'à celle d'Italie en 1859, se forma et se développa ce grand mouvement de charité universelle en faveur des victimes de la guerre, qui vint aboutir à la Convention internationale de Genève du 22 août 1864, pour l'amélioration du sort des militaires blessés.

« La question de la protection et des soins à donner aux prisonniers de guerre ne fut point directement abordée à la Conférence de Genève, mais elle s'y présenta d'une manière incidente.

« M. Twining, le philanthrope anglais bien connu, demanda que la Conférence voulût bien s'occuper de la conduite à tenir envers les prisonniers. M. le prince Demidoff, tout en reconnaissant que les blessés avaient droit aux premières marques d'intérêt et aux secours les plus prompts, faisait également observer qu'il était une autre classe de victimes de la guerre, les prisonniers, « qui, plus ou moins maltraités par les marches et les combats, « subissaient, bien qu'ayant la vie sauve, une douleur morale qu'il appar- « tient à l'esprit chrétien d'adoucir ».

« Pendant la guerre de 1854 entre les puissances occidentales et la Russie, M. Demidoff, donnant l'exemple, avait établi à Constantinople un centre général de correspondance et de rapatriement pour les prisonniers; il avait organisé pour les militaires russes, internés en France et en Angleterre, aussi bien que pour les soldats français, anglais et italiens tombés au pouvoir de la Russie, un service pour les envois d'argent et d'objets d'habillement, la communication de renseignements personnels, etc. Les soins religieux n'avaient pas été oubliés dans cette œuvre excellente. Son auteur demandait que la question des prisonniers de guerre ne fût pas laissée de côté par la

Conférence de Genève. Mais celle-ci jugea que cet objet s'écartait du but spécial qu'elle poursuivait, et, tout en manifestant ses dispositions sympathiques, l'assemblée passa à l'ordre du jour sur cette question, qui paraissait alors moins pressante.

« M. Henry Dunant, dont le nom se rattache à l'établissement de l'OEuvre de la Croix rouge, chercha à faire résoudre la question des prisonniers de guerre lors de la Conférence internationale qui eut lieu à Paris en 1867, mais aucune décision n'y fut prise.

« Telle était la situation lorsque la guerre de 1870 éclata et fut bientôt suivie de désastres militaires sans précédents par leur rapidité et le nombre de victimes, soit qu'elles eussent trouvé la mort sur les champs de bataille ou fussent recueillies dans les hôpitaux, soit qu'épargnés par le feu de l'ennemi les combattants fussent emmenés en captivité.

« Le nombre des prisonniers français s'éleva à plusieurs centaines de mille ; ils subirent l'internement pendant des mois et des mois, dans les conditions de climat les plus dures. La charité s'éveilla et s'organisa de toute part pour adoucir leur situation. Mais elle était incomplètement préparée à cette tâche immense. Aucun accord diplomatique ne protégeait d'ailleurs ses efforts et ne facilitait ses opérations.

« L'Association internationale de secours de Bruxelles fut la première qui se constitua pour venir en aide aux prisonniers ; l'initiative en fut prise par quelques personnes parmi lesquelles il faut mettre au premier rang un éminent prélat que nous avons l'honneur de compter parmi nous, et qui, par sa parole aussi bien que par son dévouement, contribua largement au succès de l'œuvre.

« Le Comité international de la Croix rouge de Genève ne tarda pas à instituer à Bâle une agence spéciale pour les prisonniers. Des comités se formèrent pour le même objet à Lille et dans d'autres localités.

« Le comité de l'Association internationale de Bruxelles avait formulé ainsi son programme : « Adoucir par des secours de toute nature la position des « prisonniers de guerre ; leur faciliter, aux conditions fixées par les Gouver- « nements, les relations avec leurs familles, multiplier autour d'eux les res- « sources de la vie intellectuelle, morale et religieuse. » Le comité ouvrit des souscriptions, provoqua des dons en nature, acheta et commanda des vêtements, et envoya des délégués dans les dépôts d'internement et les lazarets pour s'enquérir des besoins et y pourvoir. Il organisa un service pour la transmission des lettres et de l'argent aux prisonniers ; ce service se composait de deux bureaux dont l'un s'occupait spécialement de la correspondance et des informations, et l'autre des envois d'argent et de la liquidation des mandats ; ces bureaux traitèrent plusieurs milliers d'affaires. Les prisonniers et particulièrement les officiers demandaient des livres pour adoucir les ennuis de leur captivité. Le comité acheta ou recueillit environ 12.000 volumes qui furent répartis entre les principaux dépôts. En ce qui concerne les soins religieux, on put s'assurer qu'ils étaient donnés de la manière la plus convenable pour tous les cultes.

« L'Association étendit son action charitable à près de cent dépôts d'internement en Allemagne. Elle ne négligea pas les prisonniers allemands dont un certain nombre étaient internés en France, dans les dépôts de Lille, Calais, Montpellier, Pau, etc. Elle s'occupa aussi des militaires appartenant aux deux nations belligérantes qui avaient cherché un asile en Belgique.

« Pour montrer l'importance de leurs services, voici quelques détails sur les opérations des comités de Lille, Bâle et Bruxelles. Le comité de Lille distribua 260,000 pièces de vêtement, 4.000 volumes et 250,000 francs en espèces; de plus, il fit parvenir aux prisonniers 350,900 francs et 5 à 6.000 objets de vêtement, fournis par des familles pour des prisonniers individuellement désignés. Le comité de Bâle reçut une somme de 412.113 francs, à l'aide de laquelle il fit des achats de vêtements pour 301.386 francs; il effectua des envois en argent pour 46.821 francs; le surplus servit à des payements et frais divers. Ce comité envoya 237.412 pièces d'habillement et 278 barriques de vin. Le comité de Bruxelles encaissa une somme de 224,247 francs; il envoya aux prisonniers 130,000 francs en espèces, plus 19.000 francs de la part de leurs familles, et expédia 68,148 objets d'habillement, livres, etc.

« Le comité de Bâle vint encore efficacement en aide aux prisonniers français qui rentraient dans leur patrie, en leur distribuant des habillements et des vivres, aux étapes de Berlin et de Mayence.

« Arrivé au terme de ses travaux par la signature du traité de paix et la libération des prisonniers, le comité de l'Association internationale de Bruxelles ne jugea point sa mission terminée.

« Il avait pu se convaincre que, sous peine d'être pris encore au dépourvu et de n'aboutir qu'à des résultats incomplets, il fallait s'organiser à l'avance, d'une manière régulière et durable. Malgré les facilités que l'Association avait rencontrées, en général, de la part des autorités militaires, ses efforts avaient été contrariés en plus d'une circonstance, aussi bien par des obstacles matériels que par l'absence de règles protectrices, basées sur un accord international. Se fondant sur son expérience, le comité manifesta, avant de se séparer, le vœu de voir s'établir une Association internationale permanente pour les prisonniers de guerre, et d'obtenir en leur faveur, par un accord diplomatique, en tenant compte de la différence des situations, des mesures analogues à celles que la Convention de Genève a consacrées pour les militaires blessés et malades. Dans une lecture faite à Londres, le 6 août 1872, à un *meeting* présidé par lord Elcho, au siège de l'Association nationale pour le progrès de la science sociale, M. Henry Dunant appuya ce vœu, et l'assemblée y donna son approbation.

« En 1874 une Société se forma à Paris, sous la présidence de M. le général comte d'Houdetot, pour l'amélioration du sort des prisonniers de guerre. Elle rédigea un projet en 146 articles, lequel embrassait tout ce qui a rapport à ce sujet; il combinait les remarquables dispositions des Instructions américaines pour les armées en campagne, avec les règlements français, allemands, anglais, etc., en les amendant et les complétant, de manière à en former une sorte de code spécial, marqué au coin de l'esprit d'humanité et de progrès. Ce projet devait être soumis à un congrès auquel plusieurs États s'étaient déjà montrés disposés à adhérer lorsque le gouvernement russe, qui avait mis à l'étude un projet conçu dans les mêmes vues, mais établi sur des bases plus générales, provoqua une Conférence diplomatique à Bruxelles pour convenir des règles qui, adoptées d'un commun accord par tous les États civilisés, serviraient à diminuer autant que possible les calamités des conflits internationaux, en précisant les droits et les devoirs des Gouvernements et des armées en temps de guerre. La Conférence ouvrit ses séances le 27 juillet 1874.

« Les dispositions relatives aux prisonniers de guerre formaient l'objet du chapitre VI (articles 23 à 34) du projet de convention préparé par le gouvernement russe. La commission déléguée par la Conférence s'en occupa dans ses séances des 5, 6 et 17 août, et la Conférence, après y avoir introduit quelques modifications, en adopta définitivement le texte dans sa séance plénière du 26 août. Voici ce texte, que nous donnons à titre de document :

« Les prisonniers sont des ennemis légaux et désarmés. Ils sont au pouvoir « du Gouvernement ennemi, mais non des individus ou des corps qui les ont « capturés. Ils doivent être traités avec humanité.

« Tout acte d'insubordination autorise à leur égard les mesures de rigueur « nécessaires.

« Tout ce qui leur appartient personnellement, les armes exceptées, reste « leur propriété.

« Les prisonniers de guerre peuvent être assujettis à l'internement dans « une ville, forteresse, camp ou localité quelconque, avec obligation de ne « pas s'en éloigner au delà de certaines limites déterminées'; mais ils ne « peuvent être enfermés que par mesure de sûreté indispensable.

« Les prisonniers de guerre peuvent être employés à certains travaux « publics qui n'aient pas un rapport direct avec les opérations sur le théâtre « de la guerre et qui ne soient pas exténuants (1) ou humiliants pour leur « grade militaire, s'ils appartiennent à l'armée, ou pour leur position offi-« cielle ou sociale, s'ils n'en font point partie.

« Ils pourront, également en se conformant aux dispositions réglementaires « à fixer par l'autorité militaire, prendre part aux travaux de l'industrie « privée.

« Leur salaire servira à améliorer leur position ou leur sera compté au « moment de leur libération. Dans ce cas, les frais d'entretien pourront être « défalqués de leur salaire.

« Les prisonniers de guerre ne peuvent être astreints d'aucune manière à « prendre une part quelconque à la poursuite des opérations de la guerre.

---

(1) Le terme *exténuant* ne rend peut être pas très exactement la pensée du rédacteur de l'article. EXTÉNUER signifie (voy. *Dictionnaire de l'Académie française*) causer un grand affaiblissement, affaiblir, diminuer ; des criminels même ne doivent pas être soumis à des travaux exténuants, et il faut éloigner la supposition que l'on puisse songer à imposer de tels travaux à des prisonniers de guerre.

« Le Gouvernement au pouvoir duquel se trouvent les prisonniers de guerre
« se charge de leur entretien.

« Les conditions de l'entretien des prisonniers de guerre peuvent être éta-
« blies par une entente mutuelle entre les parties belligérantes. A défaut de
« cette entente, et comme principe général, les prisonniers de guerre seront
« traités pour la nourriture et l'habillement sur le même pied que les troupes
« du Gouvernement qui les aura capturés.

« Les prisonniers de guerre sont soumis aux lois et règlements en vigueur
« dans l'armée au pouvoir de laquelle ils se trouvent.

« Contre un prisonnier de guerre en fuite il est permis, après sommation,
« de faire usage des armes. Repris, il est passible de peines disciplinaires ou
« soumis à une surveillance plus sévère. Si, après avoir réussi à s'échapper,
« il est de nouveau fait prisonnier, il n'est passible d'aucune peine pour sa
« fuite antérieure.

« Chaque prisonnier de guerre est tenu de déclarer, s'il est interrogé à ce
« sujet, ses véritables nom et grade, et, dans le cas où il enfreindrait cette
« règle, il encourrait une restriction des avantages accordés aux prisonniers
« de guerre de sa catégorie. L'échange de prisonniers de guerre est réglé par
« une entente mutuelle entre les parties belligérantes.

« Les prisonniers de guerre peuvent être mis en liberté sur parole, si les
« lois de leur pays les y autorisent, et, en pareil cas, ils sont obligés, sous
« la garantie de leur honneur personnel, de remplir scrupuleusement, tant
« vis-à-vis de leur propre Gouvernement que vis-à-vis de celui qui les a fait
« prisonniers, les engagements qu'ils auraient contractés.

« Dans le même cas, leur propre Gouvernement ne doit ni exiger ni accepter
« d'eux aucun service contraire à la parole donnée.

« Un prisonnier de guerre ne peut pas être contraint d'accepter sa liberté
« sur parole; de même le Gouvernement ennemi n'est pas obligé d'accéder
« à la demande du prisonnier réclamant sa mise en liberté sur parole.

« Tout prisonnier de guerre libéré sur parole et repris portant les armes
« contre le gouvernement envers lequel il s'était engagé d'honneur, peut être
« privé des droits de prisonnier de guerre et traduit devant les tribunaux.

« Peuvent être faits prisonniers les individus qui, se trouvant près des
« armées, n'en font pas directement partie, tels que les correspondants, les
« reporters de journaux, les vivandiers, les fournisseurs, etc., etc. Toutefois
« ils doivent être munis d'une autorisation émanant du pouvoir compétent et
« d'un certificat d'identité (1) ».

(1) D'après d'anciennes conventions, les non-combattants, en général, ne peuvent être
maintenus en captivité et ils doivent être relaxés ; on peut voir notamment à ce sujet les
actes diplomatiques du siècle dernier.

Suivant la disposition adoptée par la Conférence de Bruxelles, non seulement les non-combattants de certaines catégories, tels que les correspondants, les reporters, les vivandiers, les
fournisseurs, etc., lorsqu'ils tombent entre les mains de l'armée ennemie, peuvent être maintenus prisonniers, mais même afin d'être en droit de réclamer les garanties assurées aux
autres prisonniers, ils doivent être munis d'une autorisation émanant du pouvoir compétent et

« Pour apprécier exactement le caractère des résolutions adoptées par la Conférence sur cet objet comme sur les autres, dans son *Projet de déclaration internationale concernant les lois et coutumes de la guerre*, il n'est pas sans utilité de reproduire ici les paroles de son éminent président, M. le baron Jomini, au moment de la clôture des délibérations :

« Les principes humanitaires qui flottaient dans la conscience publique,
« dit le baron Jomini, dans la dernière séance plénière de la Conférence,
« devaient être précisés dans la mesure de ce qui est possible et pratique, de
« même que les droits de la force — ces droits qui se sont toujours exercés
« et s'exerceront probablement toujours — devaient être définis afin de pou-
« voir être renfermés dans de certaines limites. *Certes, ces définitions ne sont*
« *pas le dernier mot de la civilisation. Disons plutôt qu'elles en sont le premier*
« *dans l'ordre d'intérêts qui nous occupe. Elles constatent l'état présent des*
« *choses, tel que le passé nous l'a légué. Mais l'avenir reste ouvert. Le point de*
« *départ est posé. Les gouvernements sauront, d'accord avec l'opinion publique,*
« *marcher en avant et discerner les améliorations pratiques des utopies irréa-*
« *lisables.* »

« S'autorisant de l'expérience qu'il avait acquise pendant la guerre de 1870, le comité de l'Association de Bruxelles s'était adressé à la Conférence pour demander qu'elle voulût bien comprendre dans son projet les dispositions suivantes, réglant l'intervention des sociétés de secours, régulièrement formées, et stipulant les facilités dont les prisonniers de guerre pourraient être appelés à jouir :

« Les Sociétés de secours pour les prisonniers de guerre recevront de la
« part des belligérants les facilités nécessaires pour l'accomplissement de
« leur mission.

« Les Sociétés de secours, pour pouvoir se prévaloir de la présente dispo-
« sition, devront compter vingt membres au moins ; les statuts ou règlements
« de ces sociétés devront être communiqués au ministre des affaires étran-
« gères du pays où elles sont établies ; la liste de leurs membres pourra être
« réclamée par chacune des parties belligérantes. Les membres ou délégués
« en mission de ces sociétés devront être munis d'un mandat signé par le
« président ou la personne qui en remplit les fonctions, et visé par l'autorité
« du lieu où se trouve le siège de la Société.

« Les membres ou délégués de ces Sociétés porteront, comme signe dis-
« tinctif uniforme, un brassard blanc avec une croix bleue (1).

« Les Sociétés pourront distribuer des secours en habillements, en linge,
« en argent, en livres et en médicaments, selon les besoins des prisonniers.

« Elles pourront également prêter leur assistance pour les soins religieux

d'un certificat d'identité. M. de Lansberge, délégué des Pays-Bas, avait demandé le bénéfice de la neutralité pour les correspondants ou reporters de journaux, mais cette proposition ne fut point admise par la Conférence.

(1) C'était le signe qui avait été adopté pendant la guerre de 1870-1871, par la Société internationale de Bruxelles.

« ou moraux à donner aux prisonniers, en respectant la liberté de
« conscience (1).

« Seront admis en franchise de droit les objets d'habillement, linge, etc.,
« qui seront envoyés aux prisonniers par les Sociétés de secours, ou qui leur
« seront expédiés individuellement. Il ne sera point perçu de taxe sur les
« lettres, mandats et articles d'argent qui sont adressés aux prisonniers.

« Il sera dressé, par les soins du commandant de chaque lieu de dépôt,
« une liste matriculaire des prisonniers internés; les notations par change-
« ment de résidence, décès, etc., y seront régulièrement inscrites; copie de
« ces listes sera envoyée sur sa demande à l'autorité du pays d'origine des
« prisonniers; des extraits pourront en être obtenus par les Sociétés de
« secours. »

« Ces mesures avaient déjà été mises en pratique, pour la plupart, par les
soins du comité de Bruxelles durant la guerre franco-allemande, et il ne demandait à la Conférence, en dehors de la reconnaissance officielle des Sociétés de secours, que la sanction internationale de ce qui avait été appliqué
avec fruit, et sans qu'aucun abus eût été signalé.

« La commission de la Conférence ayant décidé en principe qu'elle ne s'oc-
cuperait de propositions émanant de l'initiative non officielle que si l'un des
délégués à l'assemblée les faisait siennes, M. le premier délégué de la Belgique, baron Lambermont, présenta, dans la séance du 7 août 1874, au nom
de son Gouvernement, un projet « modifié de manière à faire droit aux
« objections que celui du comité paraissait devoir soulever ».

« Ces modifications avaient surtout pour objet de calmer les scrupules que
les dispositions proposées par le comité pouvaient faire naître parmi les
membres militaires de la conférence.

« M. de Lansberge, délégué des Pays-Bas, annonça qu'il avait reçu de son
Gouvernement l'ordre d'appuyer le projet de M. le Délégué de la Belgique,
dont voici le texte :

« Les agents des sociétés de secours n'auront accès auprès des prisonniers
« en marche ou provisoirement internés dans la zone des opérations mili-
« taires, que dans des cas exceptionnels et avec l'assentiment préalable de
« l'autorité compétente.

« Ils pourront être admis dans les dépôts permanents, en se soumettant
« aux mesures de précaution exigées par l'autorité militaire.

« Les membres délégués des Sociétés de secours seront munis d'un docu-
« ment officiel constatant leur identité.

« Les Sociétés pourront faire distribuer aux prisonniers, par leurs délé-

(1) Les Sociétés de secours peuvent aussi intervenir d'une manière utile lors du rapatriement des prisonniers libérés. « Non seulement, disent MM. Moynier et Appia, dans leur
ouvrage sur *la Guerre et la Charité* (p. 379), il y aura lieu de veiller à ce que les droits des
prisonniers ne soient pas méconnus et leur libération indûment retardée, mais il faudra les
entourer d'une certaine protection dans leur voyage de retour. On devra établir des surveil-
lants pour les accueillir au passage dans leurs étapes successives, pourvoir à leurs besoins et
leur donner les directions nécessaires pour continuer leur route sans encombre. »

« gués, sous le contrôle et la surveillance de l'autorité militaire compétente,
« des secours en habillements, en linge, en argent, en livres et en médica-
« ments, selon les besoins et les circonstances. Elles pourront également
« offrir leur concours pour les soins religieux et moraux à donner aux pri-
« sonniers, en respectant la liberté de conscience, et en s'abstenant de toute
« communication qui serait jugée inopportune ou nuisible par le comman-
« dant du dépôt.

« Seront admis en franchise de droits les objets d'habillement, linge, etc.,
« qui seront envoyés aux prisonniers par les Sociétés de secours, ou qui leur
« seront expédiés individuellement.

« Les lettres envoyées ou reçues par les prisonniers, ainsi que les mandats et
« articles d'argent qui leur seront adressés, seront exempts de la taxe postale.

« Les délégués des Sociétés de secours pourront obtenir communication
« des listes des prisonniers dressées dans les dépôts des autorités militaires.

« Les délégués qui contreviendraient aux dispositions qui précèdent ou
« qui donneraient à leurs actes un caractère autre que celui de la bienfai-
« sance pure, ne pourraient plus réclamer le bénéfice des clauses de la pré-
« sente convention. »

« Les membres de la Conférence étant pour la plupart sans instructions
relativement à cette question, sur laquelle d'ailleurs certaines divergences de
vues s'étaient révélées, la Conférence adopta, dans sa séance du 10 août, la
rédaction suivante, qui lui fut présentée par son président, M. le baron
Jomini :

« La Commission, après avoir entendu la lecture des propositions faites
« par le Comité belge de la Société internationale de secours pour les prison-
« niers de guerre, et présentées par M. le Délégué belge dans une forme mo-
« difiée, et après en avoir délibéré, constate d'un commun accord que le but
« éminemment charitable de cette Société, en général, et la haute honorabi-
« lité des membres qui composent le comité belge en particulier, sont de
« nature à assurer à ces propositions un accueil bienveillant et une sérieuse
« considération.

« Toutefois, comme ces questions touchent à des matières extrêmement
« délicates à l'égard desquelles l'appréciation des Gouvernements doit néces-
« sairement dépendre du degré de confiance qu'inspireraient les personnes
« chargées de cette mission de charité auprès des prisonniers de guerre,
« ainsi que des circonstances particulières en présence desquelles elles au-
« raient à la remplir, MM. les délégués ne se croient pas appelés à délibérer
« sur des règles générales qui auraient pour effet de restreindre d'avance
« cette liberté d'appréciation de leurs Gouvernements.

« Ils croient donc devoir se borner à signaler les propositions présentées
« par M. le Délégué belge à la sérieuse attention de leurs Gouvernements. »

« La Conférence régla encore les droits et les obligations des États neutres
en ce qui touche les combattants et les blessés qui trouveraient un asile sur
leur sol hospitalier. Elle adopta aussi un vœu tendant à ce que tous les gouvernements s'entendissent pour établir sur des bases uniformes les règle-

ments militaires concernant les belligérants entre eux. Si je mentionne ces décisions qui sont en dehors du programme du Congrès, c'est qu'elles importent au succès de la cause humanitaire que nous poursuivons : elles se lient d'ailleurs assez étroitement au sujet dont nous nous occupons.

« La question des prisonniers de guerre fut portée au programme du Congrès d'hygiène et de sauvetage qui eut lieu à Bruxelles au mois de septembre 1876, et qui réunit un grand nombre de personnes de tous les pays, connues par leur compétence spéciale ou leur dévouement charitable. Appelé à présenter le rapport sur cette question, je conclus en renouvelant les vœux qui avaient été soumis par le comité de la Société de secours de Bruxelles à la Conférence internationale de 1874. L'assemblée s'y rallia à l'unanimité sans débat.

II

« L'ensemble des faits qui précèdent témoigne d'un mouvement général d'intérêt pour le sort des prisonniers de guerre, mouvement qui est d'accord avec le progrès de la civilisation sous toutes ses faces. On a exprimé la crainte que l'esprit militaire pût être amolli par ces manifestations de la charité. Nous croyons le patriotisme trop bien trempé dans tous les pays pour que son énergie puisse être affectée par la pensée confiante que cet appui charitable ne manquera pas, sur la terre étrangère, à ceux qui, pris les armes à la main, y subiront les rigueurs de la captivité. Il serait fait, d'ailleurs, prompte justice des abus.

« L'expérience a prouvé que les Sociétés d'assistance sont les intermédiaires les plus efficaces pour les secours à recueillir et à faire parvenir aux prisonniers, comme elles sont des auxiliaires utiles et souvent indispensables pour les soins à donner aux militaires blessés ou malades.

« Ainsi que nous l'avons rappelé, la question de la protection des prisonniers de guerre et de l'assistance à leur accorder, sous l'égide d'un accord international, avait été introduite déjà d'une manière incidente à la Conférence de Genève en 1863. Reproduite plusieurs fois depuis cette époque, dans des assemblées officielles ou libres, elle ne peut manquer de recevoir, tôt ou tard, avec l'adhésion générale, une solution conforme à l'esprit libéral et généreux de notre temps.

« En attendant que les Associations de secours pour les prisonniers soient investies d'un mandat universellement reconnu et respecté, il paraît opportun de s'occuper de leur constitution comme Sociétés libres. Nous avons dit que le Comité de Bruxelles avait manifesté le vœu de voir s'établir une Association internationale permanente. Cette Association eût été représentée par des comités formés dans chaque pays, et qui correspondraient entre eux. Les comités des divers États se réuniraient périodiquement en congrès internationaux, afin de se concerter sur les mesures à prendre dans l'intérêt de l'œuvre. L'échange des communications entre les comités des différentes contrées aurait eu lieu provisoirement par l'entremise du comité de Bruxelles.

« Aucune difficulté sérieuse ne peut s'opposer à la réalisation de ce projet, sous réserve de ce que la loi détermine dans certains pays pour l'établissement des Sociétés se proposant un but d'utilité publique. Quant à la mise en œuvre, il n'y aurait point, comme pour les Associations qui s'occupent de l'assistance des militaires blessés ou malades, à préparer un matériel coûteux et compliqué, à former un personnel expert, à réunir des ressources importantes. Il suffirait d'organiser, sur des bases convenables, les sociétés et les comités pour qu'ils fussent en mesure d'intervenir en temps utile, et de faire, au moyen de cotisations modestes, les fonds indispensables afin de pourvoir aux premières nécessités, selon les circonstances; la charité se mettrait promptement en mesure d'accomplir le reste. Même en l'absence d'un accord international, les États belligérants ne sauraient refuser dès à présent un accueil bienveillant à ces Associations, surtout si leur intervention s'exerçait par l'entremise de délégués appartenant à un pays neutre, ainsi qu'on l'a proposé.

« On a suggéré l'idée d'élargir les attributions des Sociétés de secours pour les militaires blessés ou malades en temps de guerre, de manière à y faire entrer les mesures d'assistance pour les prisonniers, sauf à faire sanctionner ultérieurement cette extension d'attributions, si la Convention de Genève venait à être revue et complétée. Nous nous bornons à consigner ici cette idée, qui a été mise en pratique, du reste, par le comité international de la Croix rouge, à Genève, lorsqu'il institua, au commencement de la guerre de 1870, le comité de Bâle pour les secours aux prisonniers.

« Pour les envois en nature, il y a trois conditions à remplir : c'est qu'ils arrivent sûrement, sans retard et avec le moins possible de frais. L'expérience a prouvé en 1870 que, par suite de l'encombrement des lignes et des gares de chemin de fer, les envois qui n'étaient pas accompagnés jusqu'à destination par un agent spécial, s'effectuaient trop souvent avec une lenteur extrême. Cet inconvénient s'était manifesté à ce point que le comité de Bruxelles avait fini par décider que, dorénavant, il serait accordé aux dépôts de prisonniers des allocations en argent, dont l'emploi serait fait sur place par des agents méritant toute confiance.

« Au programme de la conférence internationale de la Croix Rouge tenue à Carlsruhe en septembre 1887, le comité central italien avait fait inscrire le vœu que les expéditions effectuées en temps de guerre par les différents comités eussent lieu à grande vitesse et avec exemption des frais de transport sur les chemins de fer, etc., sauf le contrôle nécessaire afin d'éviter la fraude. Des membres firent remarquer que, dans plusieurs pays, notamment en France, les transports étaient déjà absolument gratuits pour tous les objets concernant la Croix Rouge; l'on proposa aussi de comprendre, dans le vœu à émettre, la suppression des formalités de douane. La motion fut adoptée dans les termes suivants :

« La Conférence de Carlsruhe, en remerciant les Gouvernements et les « compagnies de transports, de la gratuité accordée jusqu'ici aux envois des « Sociétés de la Croix Rouge, émet le vœu que cette gratuité soit généralisée

« dans tous les États signataires de la Convention de Genève, et que ces États
« s'entendent entre eux pour dispenser lesdits envois des formalités doua-
« nières. »

« Ce ne sont pas seulement les formalités, mais encore les droits d'entrée (1) dont nous voudrions la suppression pour ces envois ; du reste, la
Conférence l'a sans doute entendu ainsi. Quant à l'assimilation des envois faits
pour les prisonniers aux expéditions destinées aux blessés et aux malades,
elle se justifie par toutes les raisons d'égalité et d'humanité. Des motifs analogues existent pour la transmission gratuite des mandats et des articles d'argent en général, tant aux prisonniers qu'aux blessés et aux malades. Il ne
faut pas que les modestes sommes prélevées souvent sur leur nécessaire par
les familles soient grevées de taxes qui en réduisent encore la valeur.

« En ce qui concerne les correspondances postales, la question se présente
d'une manière moins simple. Nous ne parlons pas de la franchise de port qui
est déjà inscrite en principe dans plusieurs règlements, notamment dans
le règlement français de 1859 (art. 31), mais du contrôle de l'autorité militaire sur le contenu des lettres. Ce dernier point échappe à notre compétence.
Dans son projet de règlement international, M. le général comte d'Houdetot
proposait la disposition suivante (art. 109) : « Les lettres adressées aux pri-
« sonniers de guerre et *vice versâ* seront transmises franches de port et dans
« le plus bref délai, après vérification. »

« D'après l'article 107 du règlement français, les prisonniers sur parole
peuvent correspondre librement avec les prisonniers et autres personnes se
trouvant dans l'intérieur de l'État.

« La Société internationale de Bruxelles avait introduit en 1870 une mesure
digne d'être suivie. Elle envoya, dans tous les lieux d'internement des prisonniers, des cartes postales d'un modèle spécial. Sur l'une des faces, le
prisonnier inscrivait son nom, son grade dans l'armée, le lieu de son internement, les renseignements sommaires qu'il avait à donner sur sa situation ;
sur l'autre, le nom et l'adresse de son correspondant. Ces cartes étaient dis-
tribuées aux prisonniers, qui n'avaient qu'à remplir les indications, en se
faisant aider par des personnes bienveillantes, s'ils étaient hors d'état de s'en
charger eux-mêmes, et à remettre les cartes pour qu'elles fussent expédiées.

« Mentionnons encore qu'en 1870-1871, M. le Ministre des travaux publics
de Belgique avait décidé que les correspondances expédiées ou reçues par la
Société internationale de secours pour les prisonniers de guerre jouiraient de
la franchise de port, et n'auraient à payer que la taxe externe s'il en avait été
appliqué une.

« Il nous reste à parler des bureaux de renseignements. De toutes les souffrances morales qu'engendre la guerre, il n'en est pas de plus poignante que
l'incertitude sur le sort de ceux qui y sont engagés. Une mort glorieuse les

_____

(1) En Suisse, pendant la guerre de 1870, la Direction des péages suisses à Bâle avait laissé
passer en franchise de douane tous les objets adressés aux prisonniers de guerre par l'intermédiaire du comité de cette ville. Il en a été ainsi encore ailleurs sans doute.

a-t-elle frappés sur le champ de bataille? S'ils sont blessés ou malades, dans quel hôpital, dans quel lazaret ont-ils été recueilis, et sont-ils soignés? S'ils ont été faits prisonniers, où se trouvent-ils internés? Les Sociétés d'assistance peuvent multiplier leurs enquêtes, la charité privée faire des prodiges, comme on l'a vu, pour calmer les inquiétudes des familles, elles seront souvent impuissantes à obtenir des résultats pleinement satisfaisants. L'administration officielle est seule à même d'agir avec une efficacité à peu près complète.

« Nous devons signaler sous ce rapport l'organisation établie en Prusse. Pendant la guerre de 1866, entre cette puissance et l'Autriche, elle avait constaté la nécessité de s'occuper sérieusement de cet objet. Une ordonnance royale, contenue dans les *Instructions sur le service sanitaire des armées en campagne* du 29 août 1866, institua à Berlin un bureau pour centraliser et délivrer sans frais des renseignements sur les militaires blessés ou malades. L'ordonnance royale prescrivait que les ambulances, les lazarets et les hôpitaux de l'armée, ainsi que ceux des Sociétés de secours, enverraient trois fois par mois au bureau central de renseignements, des listes d'entrée et de sortie des soldats reçus en traitement, avec indication des nom, prénoms, grade, régiment, et mention de la nature de la blessure ou de la maladie. Aussitôt l'arrivée de ces listes au bureau, chaque nom en était extrait avec toutes les indications fournies à son sujet, et porté sur une *fiche* en carton blanc. Ces fiches étaient rangées par ordre alphabétique dans des boîtes; à chaque sortie d'un hôpital et entrée dans un autre, avis en était donné, et on établissait pour le même nom une nouvelle fiche qui était jointe à la précédente, et ainsi de suite, jusqu'à la guérison ou le décès de l'intéressé.

« En 1870, tout ce qui concernait les militaires français fut confié au « département français du bureau central des renseignements », dont le personnel, sous la direction du docteur Ludwig Wrede, comprenait onze secrétaires et commis. Par une lettre que le docteur Wrede adressa aux principaux journaux de France et de Belgique, le concours du bureau de renseignements fut offert aux familles françaises désireuses d'avoir des nouvelles de leurs parents dans l'armée : prisonniers de guerre, blessés ou malades. Les demandes d'informations parvinrent bientôt en grand nombre; il en arriva 60,000 de France, sans parler de celles qui émanaient d'autres contrées. Le bureau reçut 450,000 lettres de France pour les prisonniers français, et 36,000 lettres de prisonniers pour être expédiées dans ce pays. On affirme que toute cette correspondance parvint à sa destination, malgré la difficulté des recherches dans un grand nombre de cas. En dehors de ce travail, le bureau dressait, avec les indications fournies par les rapports officiels : 1° la liste des militaires français blessés ou malades, en traitement dans les ambulances et lazarets allemands; 2° la liste des militaires français décédés dans les dépôts de prisonniers et dans les hôpitaux, etc. Le bureau consigna le résultat de ses informations dans deux registres renfermant environ 40,000 noms, rangés par ordre alphabétique, et qui contiennent, entre autres, des indications sur le lieu d'internement d'un grand nombre d'officiers français. Quand le système des fiches fut adopté, 59,500 fiches individuelles, classées alphabétiquement dans des cartons numérotés, permirent de suivre le mouvement, dans les dépôts et dans les lieux hospitaliers, des militaires qu'elles concernaient, et de donner aux familles des informations certaines et précises (1).

« L'établissement de ces bureaux officiels de renseignements devrait être rendu général dans tous les pays, et il ne faudrait pas attendre pour les organiser que les circonstances vinssent rendre leur intervention pressante; cette institution n'empêcherait pas, d'ailleurs, les Sociétés d'assistance de prêter leurs bons offices pour le même objet, ainsi qu'elles l'ont fait avec succès pendant la guerre de 1870-1871.

III.

« Sans excéder la compétence morale du Congrès, nous croyons pouvoir exprimer le vœu que l'œuvre de la Conférence internationale de Bruxelles de 1874 soit reprise, complétée et rendue définitive, avec les amendements et les développements qu'un nouvel échange de vues permettra d'y apporter, notamment au sujet de la question qui nous occupe, et d'une autre question très intéressante qui s'y rattache d'une manière étroite : celle des belligérants internés et des blessés soignés chez les neutres. Cette question avait été introduite à la Conférence par le premier plénipotentiaire belge, le baron Lambermont; il s'était proposé de faire reconnaître les droits hospitaliers de l'État neutre et les obligations qui en découlent. Les dispositions qu'il conseilla furent admises par l'Assemblée, et il est désirable qu'elles ne tardent point à passer effectivement dans le droit international.

« En attendant l'adoption d'un traité général comprenant l'ensemble des faits inhérents à l'état de guerre, nous trouverions désirable, en nous plaçant au point de vue qui nous intéresse, que tous les États se missent d'accord pour donner suite à une motion présentée à la Conférence par le baron Blanc, délégué italien, et adoptée par elle à l'unanimité. Cette motion était la suivante : « La Conférence émet le vœu que toutes les parties des règlements « militaires concernant les belligérants entre eux, soient, par une entente des « gouvernements, soumises à un travail d'unification qui augmenterait l'efficacité pratique des déclarations sur lesquelles elle a eu à se prononcer. » Il n'est pas nécessaire de faire ressortir les avantages considérables de cette mesure. L'accord des gouvernements sur des matières d'un intérêt commun a reçu déjà plusieurs applications très heureuses : nous citerons l'Union postale, la Convention pour la protection des câbles sous-marins, la Convention de Berne pour la reconnaissance des droits d'auteur, etc. L'uniformité

(1) Nous devons ces intéressants détails à Mᵐᵉ Coralie Cahen, dont on connaît le dévouement admirable pendant la guerre franco-allemande; grâce à ses démarches, les documents recueillis par le bureau de Berlin ont été mis à la disposition du gouvernement français.

des règlements militaires, en ce qui touche la condition des belligérants, ne se recommande point par des raisons moins sérieuses, et l'accord presque général qui existe dans les idées à ce sujet permettrait, sans grande difficulté, croyons-nous, d'établir ces règlements sur des bases identiques et libérales. Les dispositions relatives à la conduite des prisonniers à leur destination, à l'organisation et à la discipline des dépôts, à l'entretien et à la solde des prisonniers, à leur emploi à certains travaux, à leur rapatriement, etc., trouveraient naturellement leur place dans ce règlement uniforme. On pourrait également, dans cette circonstance, accorder satisfaction aux vœux unanimes qui se sont fait jour en ce qui regarde les facilités à donner à l'expédition et à la distribution des secours en nature et en argent, et pour la commodité de l'échange des correspondances entre les prisonniers et leurs familles, sans autre restriction que les garanties réclamées par les nécessités militaires. Nous souhaitons aussi que, sous les conditions reconnues indispensables, on régularise, à cette occasion, par une entente générale, les bons offices des délégués des Sociétés de secours, comme intermédiaires entre l'action charitable et les prisonniers.

Nous rappellerons encore ce que nous avons dit de l'institution de Bureaux de renseignements, à l'exemple de ce qui existe en Prusse, avec les Sociétés d'assistance comme auxiliaires. Les Bureaux de renseignements pourraient aussi avoir la haute main sur un service de récolement et de dépôt des objets trouvés sur les lieux de combat : papiers, bijoux, valeurs, etc., et qui seraient restitués aux familles des morts, ou aux blessés recueillis dans les hôpitaux. On ne parviendra jamais à éviter complètement les déplorables abus qui se commettent à cet égard sur les champs de bataille, mais il sera possible, au moins, de les atténuer, et d'empêcher, outre une partie des vols, comme on l'a dit au Congrès de 1874, « le retour de ces navrantes exhibitions dans les- « quelles on a froissé les sentiments les plus intimes, et violé souvent, en les « livrant à la publicité, les dernières pensées de ceux qui étaient morts en « combattant pour leur pays ».

Enfin, nous reproduirons le vœu dont nous avons été l'interprète, il y a longtemps déjà, à la suite de circonstances qui nous avaient enseigné son importance, que des Sociétés d'assistance pour les prisonniers de guerre s'organisent dans tous les pays. Il y a des mesures utiles qui dépendent de l'initiative ou de l'accord des Gouvernements, et pour celles-là l'on ne peut que faire appel à leur bon vouloir; il en est d'autres que nous avons toute liberté d'accomplir nous-mêmes, et pour ces dernières nous ne sommes pas à l'abri de reproche si nous ne nous appliquons pas à les réaliser à temps. Lorsque, de toutes parts, on prend les dispositions militaires les plus énergiques et qu'aucun sacrifice ne paraît trop lourd pour assurer la sécurité du territoire et maintenir à son rang chaque nation, la charité doit aussi se préparer plus activement que jamais à panser toutes les blessures et à adoucir toutes les souffrances, si de nouveaux conflits venaient à se produire.

« Résumant ce qui précède, j'ai l'honneur de proposer au Congrès l'adoption des vœux suivants :

« 1° Que l'on propage l'institution de sociétés de secours pour les prisonniers de guerre, ayant comme mission d'être les intermédiaires entre l'action charitable et ceux-ci ; que ces sociétés se mettent en relations entre elles pour mieux assurer l'accomplissement de leur œuvre commune d'humanité ;

« 2° Que les gouvernements accordent à ces associations la protection et les facilités nécessaires, dans les limites tracées par les nécessités militaires et les règles administratives, pour qu'elles puissent réaliser leur tâche, de la manière la plus efficace ;

« 3° Qu'indépendamment d'autres mesures qui pourraient tendre à l'adoucissement du sort matériel et moral des prisonniers et dont les gouvernements prendraient l'initiative, ils facilitent l'envoi et la distribution, sous le contrôle de l'autorité militaire, des secours en habillements, linge, livres, etc., et qu'ils accordent la franchise de droits pour l'introduction de ces objets, dont le transport gratuit ou à prix réduit est également recommandé à la bienveillance des Compagnies de chemins de fer, etc. ;

« 4° Que l'on concède l'exemption des taxes postales pour les lettres, mandats et articles d'argent, en faveur des prisonniers, des blessés et des malades, et que l'on facilite les relations de ceux-ci avec leurs familles, sous les réserves commandées par des nécessités supérieures ;

« 5° Que des bureaux de renseignements pour les informations à réunir et à centraliser au sujet des morts, des blessés, des malades et des prisonniers, soient établis là où ils ne sont pas encore actuellement organisés, et que ce service soit également chargé du soin de rassembler, dans la mesure du possible, et de faire restituer aux familles des morts et aux blessés recueillis dans les hôpitaux, les objets leur appartenant et trouvés sur les champs de bataille.

« Je demande encore au Congrès de témoigner sa respectueuse sympathie pour le but que se proposait la Conférence diplomatique de 1874 dans son *projet de déclaration internationale concernant les lois et coutumes de la guerre*, et d'exprimer le vœu que les dispositions adoptées ou recommandées par la Conférence, en ce qui concerne les belligérants internés et les blessés soignés chez les neutres, et l'unification des règlements intéressant les rapports des belligérants entre eux, fassent l'objet de la considération sérieuse et bienveillante des gouvernements.

« Je soumets avec confiance ces vœux à l'appréciation et à l'approbation du Congrès. En s'y associant, il manifestera simplement, sans engager aucune responsabilité ni préjuger aucune décision officielle, l'intérêt qu'il porte à la grande cause de l'humanité, dans la sphère de sa mission. Ces vœux ne sont, d'ailleurs, pas téméraires. Ils tendent à consacrer des solutions dont les unes sont entrées déjà dans la pratique des faits, et dont les autres ont pour elles l'autorité d'assemblées compétentes et l'assentiment de tous ceux qui, sans poursuivre de vaines utopies, sont convaincus que l'énergie et la multiplicité des efforts de la charité doivent se mesurer, dans toutes les voies, à l'intensité et au nombre des souffrances que les guerres futures ne peuvent manquer d'entraîner après elles. » (*Applaudissements.*)

Les vœux proposés par M. Edouard Romberg sont renvoyés, à cause de leur importance, à la Commission spéciale des vœux et résolutions qui présentera son rapport à la séance prochaine.

L'ordre du jour appelle la discussion du rapport de M. le docteur Bouloumié sur la cinquième question du programme :

Des progrès accomplis depuis vingt ans dans les soins à donner aux blessés et malades des armées en campagne.

M. le docteur BOULOUMIÉ donne lecture de son rapport, ainsi conçu :

« Les progrès réalisés depuis vingt ans dans les soins aux malades et aux blessés des armées sont considérables, et l'on peut dire que, si de jour en jour les conditions de la guerre n'étaient pas modifiées par l'extension donnée au chiffre des effectifs, le perfectionnement des armes à feu, l'augmentation de proportion de certaines d'entre elles, et les changements apportés aux méthodes d guerre, on pourrait considérer les services de secours comme aussi bien organisés qu'il soit possible dans les armées européennes, et capables de répondre à toutes les éventualités. Mais les changements apportés dans la composition des armées, dans leur armement, dans les méthodes de guerre et les modes de combat aboutissant à des modifications dans l'état sanitaire des troupes, ainsi que dans la nature et la proportion des maladies et des blessures, on ne saurait se contenter, surtout dans un Congrès des œuvres d'assistance en temps de guerre, de dresser le bilan de ce qui a été fait. Il faut établir sur des données aussi précises que possible celui des ressources sanitaires à prévoir pour le cas d'une grande guerre, et formuler des conclusions sur les méthodes et procédés d'hygiène et de thérapeutique reconnus aujourd'hui les meilleurs, en indiquant les moyens de les rendre applicables aux armées en campagne.

« Les découvertes pastoriennes ont ouvert à la chirurgie des voies à peine soupçonnées il y a vingt ans, et donné à la médecine une orientation nouvelle qui l'a conduite à des méthodes de traitement préventif et curatif dont elle a fait déjà l'application avec succès à un certain nombre de maladies qui sont précisément celles du soldat. Je n'insisterai que sur ce qui a trait aux armées en campagne.

« Pour mettre quelque clarté dans l'exposition des nombreuses questions qui touchent à l'objet de ce rapport, je les énumérerai, ne pouvant les traiter faute d'espace (ce qui d'ailleurs sera l'œuvre du Congrès), dans l'ordre suivant :

« 1° Des maladies des armées dans leurs rapports avec les progrès de l'hygiène militaire ;

« 2° Des blessures, de la proportion des diverses blessures entre elles, de la proportion relative des blessures et des maladies ;

« 3° De l'influence du recrutement ou des méthodes de guerre et du mode de combat, sur les maladies et les blessures ;

« 4° De l'influence du perfectionnement des armes sur le nombre et la gravité des blessures ;

« 5° Des progrès accomplis dans l'organisation des secours au point de vue médico-chirurgical ;

« 6° Des progrès accomplis dans la chirurgie, et de leurs applications à la chirurgie d'armée.

« 1° *Maladies des armées et progrès de l'hygiène militaire.*

« De grands progrès ont été réalisés depuis l'époque où Michel Lévy écrivait en parlant de l'hygiène militaire : « Sans elle, la médecine n'est qu'une « lugubre agitation ; sans elle la chirurgie voit échouer les plus légitimes « espérances d'un art dont les blessés ont inutilement supporté les doulou- « reuses pratiques ; sans elle, l'administration s'ingénie vainement, et les res- « sources qu'elle accumule n'empêchent pas le développement d'épidémies « meurtrières. »

« Les sages conseils vainement donnés jusqu'alors par les médecins mili- taires ont été appliqués, et les découvertes nouvelles qui ont précisé bien des points encore obscurs, touchant à l'étiologie des maladies, ont donné à l'hy- giène une importance et une faveur toutes nouvelles qui ont grandement contribué à ses progrès.

« Le soldat est doué d'une réceptivité spéciale pour les maladies. Les agglomérations militaires favorisent le développement d'un certain nombre de maladies, le plus souvent infectieuses d'abord, puis contagieuses en même temps qu'infectieuses. La guerre crée une morbidité spéciale. L'encombre- ment est le principal des fléaux dans les hôpitaux des armées en campagne ; les armées en marche transportent avec elles les maladies épidémiques.

« Les principales maladies des armées éclatent sous l'influence des quatre causes suivantes, agissant isolément ou concurremment : influence atmosphé- rique, méphitisme du sol, méphitisme des lieux habités, alimentation vi- cieuse. Chaque campagne a été jusqu'ici marquée par une ou plusieurs domi- nantes pathologiques au double point de vue médical et chirurgical : la guerre de Crimée, par la pourriture d'hôpital, le typhus, le choléra ; la guerre d'Italie, par le tétanos, la diarrhée, les fièvres palustres ; la guerre de France par la pyohémie, la variole ; la guerre russo-turque par le typhus, les fièvres palustres.

« Tels sont les documents fournis par l'histoire médicale de quelques-unes des dernières guerres, auxquels viennent s'ajouter, pour l'amélioration de l'hygiène des armées, des connaissances scientifiques nouvelles : la nature vivante des contages est aujourd'hui hors de doute, et la contagion peut être déclarée fonction d'un organisme vivant dit *micro-organisme* ou *microbe*.

« Un contage atteignant un organisme sain ne pénètre pas et ne se déve- loppe pas en lui, mais il pénètre avec facilité dans un organisme déjà fatigué ; il y pullule et sécrète des poisons divers qui l'infectent et le tuent. Ces microbes deviennent de génération en génération plus actifs, s'ils se sont transmis d'individus à individus de même espèce.

« La fatigue, les privations, les causes morales dépressives, accusées autrefois de provoquer directement l'explosion des maladies, agissent en réalité en favorisant la pénétration et la pullulation des microbes, en même temps que le développement de ces alcaloïdes animaux, dérivés des tissus en voie de destruction, leucomaïnes et ptomaïnes, auxquels sont certainement dues une série de maladies par auto-infection qu'on observe dans les armées.

« Les causes de ces maladies étant ainsi mieux connues, des préceptes de prophylaxie plus précis qu'autrefois ont été inscrits dans les nouveaux règlements; ils visent spécialement :

« 1º Les moyens d'augmenter la résistance à l'invasion des microbes contagieux et d'éviter les causes d'auto-infection (vulgarisation des préceptes d'hygiène individuelle et obligation de s'y conformer, alimentation, soins de propreté, vêtements, etc.):

« 2º Les moyens d'empêcher l'accès et la pullulation des contages (isolement des contagieux, désinfection des locaux et objets divers, des déjections, etc.).

« Certains moyens prophylactiques directs ont été plus rigoureusement appliqués : vaccination contre la variole, filtrage des eaux et désinfection des fosses d'aisances, feuillées, etc., contre la fièvre typhoïde, la dysenterie.

« L'application de ces moyens rigoureusement faite au Tonkin par le directeur du service de santé, M. Dujardin-Beaumetz, a réussi en plusieurs circonstances, en 1885, à arrêter des épidémies commençantes de choléra ou à les circonscrire dans leur foyer d'origine.

« En cas de guerre, il serait indispensable que les prescriptions hygiéniques formulées par le service de santé de l'armée fussent strictement appliquées dans tous les centres de population et tous les lieux de secours donnant asile à des malades ou à des blessés. L'intérêt de la population civile est absolument solidaire en cela de celui de l'armée.

« 2º *Des blessures. Proportion relative des maladies et des blessures. Proportions des diverses blessures entre elles.*

« Jusqu'à présent, chaque guerre a montré que la proportion des pertes par le feu n'atteint guère que le 1/5 des pertes totales; donc, les 4/5 sont causés par les maladies. Cette proportion est même souvent dépassée, et ce n'est que très exceptionnellement qu'elle a été renversée.

« Dans la guerre franco-allemande, le chiffre des décès par maladie a été inférieur à celui des décès par blessures du côté des Allemands : 34.7 p. 100 morts par le feu, et 30.1 p. 100 par maladie seulement.

« Il n'en a pas été ainsi du côté des Français.

« Dans l'expédition anglaise contre les Achantis (1877) sur 1.828 hommes de troupes blanches, il n'y a eu en trois mois que 31 décès par maladie.

« Dans le Zoulouland (1879), les Anglais ont perdu 828 hommes par le feu et 329 seulement par maladie.

« Dans la guerre russo-turque, les Russes ont perdu 16,578 hommes par le feu et 44,431 par maladie, sur un effectif de 592,085 hommes composant l'armée du Danube.

« Toujours on a pu s'assurer que la diminution de la mortalité par maladie, toutes choses égales d'ailleurs, a été la conséquence d'une plus stricte observation des règles de l'hygiène.

« Le nombre des blessures par armes à feu, artillerie et mousqueterie, par rapport aux blessures par armes blanches, s'est notablement élevé.

« La proportion entre ces deux genres de blessures a oscillé, au cours des dernières guerres, entre 95.8 p. 100 et 98 p. 100 pour les blessures par armes à feu, entre 2 p. 100 et 4.2 p. 100 pour les blessures par armes blanches seulement (Italie, Amérique, France, Turquie).

« Quelle sera cette proportion dans une prochaine guerre, avec les perfectionnements apportés dans l'artillerie (augmentation du nombre des pièces, de leur mobilité, de leur portée, de leurs effets destructifs résultant de la régularisation de l'éclatement et de leur morcellement) et les perfectionnements apportés dans l'armement de l'infanterie ? On n'en peut rien dire d'absolu. mais on peut prévoir que les corps à corps deviendront de plus en plus rares, et que les blessures par armes blanches deviendront par cela même exceptionnelles.

« Le chiffre des pertes subies en un jour de bataille par rapport à celui de l'effectif est très variable : il a atteint jusqu'à 38 p. 100 : il reste généralement entre 10 et 20 p. 100 : il est très rarement inférieur à 10 p. 100.

« Au point de vue de leur gravité et des soins qu'elles comportent, les blessures peuvent être divisées en légères, moyennes, graves, très graves. Je parlerai plus loin de la proportion de ces divers degrés de gravité des blessures et des soins qu'elles comportent, afin que la prévision des secours puisse être établie sur des données sinon certaines, du moins approximatives.

« *3° Influence du recrutement des armées, des méthodes de guerre et du mode de combat sur les maladies et les blessures.*

« Aux armées permanentes et relativement peu nombreuses, formées d'hommes de choix à peu près du même âge, entraînés et aguerris. faits à la vie en commun, à l'alimentation du soldat, aux exercices physiques et aux influences morales que comporte la vie militaire, ont succédé des armées très nombreuses formées d'hommes très différents. quant à l'âge. aux habitudes, à la force de résistance. aux multiples et diverses influences qu'ils rencontrent dès leur incorporation et qui caractérisent précisément la vie militaire.

« L'armée. dans presque toutes les puissances européennes, prendrait en cas de guerre tout ce qu'il y a de valide dans la population mâle de 20 à 45 ans.

« Les armées actives et territoriales avec leurs réserves seraient appelées. et l'on aurait à pourvoir aux soins d'armées innombrables, formées d'éléments dans les conditions les plus diverses. Les conséquences immédiates de ces agglomérations si considérables, faites surtout dans de pareilles conditions, seraient les suivantes, autant qu'on en puisse juger par les précédents :

« Grande quantité d'indisponibles dès l'appel ou dans les premiers jours de l'entrée en campagne.

« Augmentation absolue et relative du nombre des malades.

« Diminution du nombre des blessés à l'ennemi par rapport à l'effectif, mais augmentation du chiffre absolu des blessés à secourir.

« Danger plus grand d'explosion des maladies par encombrement et des complications des maladies et des blessures par le fait de cet encombrement même : d'où une augmentation, plutôt même progressive que proportionnelle, de gravité des maladies, des blessures et de la mortalité.

« De ces conditions découle la nécessité d'une organisation plus complète des secours avec un service de santé nombreux qui serait renforcé par les services de réserve et secondé, en dehors du théâtre des opérations, par les services auxiliaires. L'ensemble formerait en quelque sorte un cône dont le sommet touchant aux armées serait représenté par le service de santé militaire seul, et dont la base, formée par l'ensemble des établissements de secours réguliers et auxiliaires, s'étendrait sur toute la surface des pays engagés dans la guerre.

« La portée des armes et la rapidité du tir, plus encore que le chiffre des effectifs, ont modifié le mode de combat; l'ordre dispersé a prévalu sur l'ordre serré ; les combats se sont livrés généralement à grandes distances et les corps à corps sont devenus de plus en plus rares ; le résultat s'est traduit par une diminution du chiffre des blessures par rapport au chiffre des effectifs engagés et, malgré la précision plus grande des armes, au nombre des coups de feu tirés.

« L'organisation des secours pendant et après le combat ne saurait être calculée sans qu'il soit tenu compte du chiffre des pertes probables évaluées d'après la connaissance des conditions mêmes des combats. C'est environ sur un chiffre de 15 p. 100 de blessés à secourir, soit 5,250 hommes par corps d'armée, qu'il faut compter, mais encore faut-il prévoir l'augmentation de ces chiffres et des besoins qui en découlent lorsqu'un corps d'armée se trouve particulièrement éprouvé ou lorsqu'il reste maître du champ de bataille, et chargé par conséquent de secourir les blessés ennemis en même temps que les siens.

« *1° Influence du perfectionnement des armes sur le nombre et la gravité des blessures et sur les soins qu'elles comportent.*

« Une arme de guerre produit des blessures en proportion de sa portée, de la tension de la trajectoire du projectile, et des conditions diverses inhérentes à celui-ci.

« Un projectile produit des lésions qui varient avec ses dimensions, sa forme, la nature du métal, la vitesse dont il est animé.

« Aux balles rondes ont succédé depuis vingt ans les balles cylindro-coniques, cylindriques et ovoïdes, dont le calibre a été progressivement réduit.

« On avait pensé tout d'abord que des projectiles relativement petits et faits ou revêtus de métal dur feraient courir le minimum de danger aux hommes atteints qui seraient cependant mis par eux hors de combat, et, l'imagination aidant, on avait dans la presse parlé des balles de petit calibre faites en métal dur comme de projectiles humanitaires; on avait même hasardé l'euphémisme de *balle hygiénique.*

« Mais on n'avait compté qu'avec un des facteurs du problème : on n'avait notamment pas songé aux effets de la transformation des forces résidant dans un projectile animé d'une grande vitesse lorsqu'il rencontre une résistance. Ces effets ont été soigneusement étudiés depuis quelques années et on a reconnu que pour tout projectile d'arme de guerre, trois zones d'actions différentes sont à considérer :

« Une première zone dans laquelle la vitesse du projectile atteint ou dépasse 250 mètres à la seconde, qui ne s'étendait guère au delà de 5 mètres pour le fusil à balles rondes, de 10 mètres pour le fusil à balles cylindro-coniques, mais qui atteint 400 mètres environ avec les fusils Chassepot, Mauser, Martini-Henri.

« Une deuxième zone dans laquelle la vitesse est de 250 à 100 mètres par seconde et qui s'étend de 5 à 100 mètres pour le fusil à balles rondes, de 10 à 250 mètres pour les fusils à balles cylindro-coniques et de 400 à 1,200 mètres pour les fusils Chassepot et plusieurs autres.

« Une troisième zone dans laquelle la vitesse est inférieure à 100 mètres par seconde, qui commence au point où finit la précédente.

« Dans la première zone, si la balle est faite d'un métal fusible, plomb ordinaire, plomb mou, elle entre en fusion partielle et se déforme au moment où elle est arrêtée dans sa course; cette fusion est presque complète et la fait se diviser et se transformer en une sorte de charge de plomb, si l'arrêt est brusque, comme au contact des os par exemple; elle est partielle seulement et ne s'accompagne que de déformations, si l'arrêt est produit par des tissus moins résistants, muscles ou aponévroses.

« Aux désordres qu'entraînent ces déformations se joignent ceux qui résultent de la pression hydrostatique brusquement portée à un degré d'autant plus élevé que la vitesse est plus grande. Le cône de destruction est en pareil cas très évasé; aussi, tandis que l'ouverture d'entrée représente à peu près exactement les dimensions du projectile, l'orifice de sortie lui est jusqu'à vingt fois supérieur.

« La pression intra-médullaire qui se développe lorsqu'un os long est frappé par un projectile animé d'une très grande vitesse entraîne une pulvérisation osseuse parfois très étendue. Quand, dans les mêmes conditions, des organes à parois ou capsules un peu résistantes (foie, rein, cœur) sont atteints, ils éclatent sous la pression, et leurs tissus sont absolument réduits en bouillie. Enfin les parties brisées, entraînées par le projectile s'ajoutent à celui-ci pour augmenter encore l'étendue de la plaie de sortie.

« Dans la deuxième zone les plaies sont nettes, à peu près exactement du calibre du projectile, et, si ce calibre est petit, elles sont analogues à des plaies qui seraient faites par un trocart chauffé.

« Elles donnent lieu à des plaies relativement simples dans les parties molles, et à des plaies osseuses semblant faites à l'emporte-pièce.

« Dans la troisième zone, les lésions produites sont considérables. Il y a un ébranlement très considérable des os, et des éclatements, des fêlures remontant très haut, parfois s'étendant dans toute la longueur de l'os.

« Les blessés de la deuxième zone, les plus nombreux, sont généralement transportables, les autres le sont plus difficilement.

« Si nous rapprochons la connaissance de ces effets des conditions probables du combat d'infanterie, nous verrons que les résultats au point de vue des blessures doivent être les suivants : blessures très graves (celles qui sont faites à courte ou à grande distance), et blessures moyennes (celles qui sont faites à distance normale), les plus nombreuses ; blessures légères et blessures graves en faible proportion (celles dont la bénignité ou la gravité dépend surtout du siège).

« Ce qui vient d'être dit de la balle du fusil est applicable jusqu'à un certain point aux projectiles lancés par l'artillerie. Les perfectionnements apportés dans l'armement assurent l'éclatement de l'obus et son morcellement en un grand nombre de fragments se répandant sur une grande surface avec une force de translation et une vitesse suffisantes pour aller rasant plus ou moins le sol à une grande distance.

« La gravité des blessures étant, toutes choses égales d'ailleurs, proportionnelle au calibre du projectile, les blessures d'artillerie sont toujours graves ; le nombre des pièces, la rapidité du tir, le perfectionnement du morcellement de l'obus au contact du sol les porteront sans doute à un chiffre élevé.

« On se trouvera dès lors devant deux ordres principaux de blessures : les unes moyennes et relativement peu graves, causées par l'infanterie tirant à bonne distance (blessés transportables et curables en peu de temps) ; les autres très graves causées par l'infanterie tirant à courte ou grande distance, et par l'artillerie (blessés non transportables, mortellement frappés, difficilement curables, à amputer).

« *5° Des progrès accomplis dans l'organisation des secours au point de vue médico-chirurgical.*

« Le sort des malades et des blessés a toujours été lié à celui du service de santé des armées. De l'organisation de celui-ci dépendent l'organisation et la bonne distribution des secours.

« Il y a vingt ans environ, l'Allemagne, la Russie, l'Angleterre, le Portugal, l'Espagne, l'Italie, la Suisse avaient d'une manière plus ou moins complète donné la direction du service et le commandement des troupes sanitaires aux médecins militaires. En France, au contraire, le médecin militaire était sous la dépendance absolue de l'intendance. Cette situation, depuis longtemps reconnue pleine d'inconvénients et de dangers, fut attaquée vivement au nom de l'humanité lors du *Congrès international sur le service médical des armées en campagne*, tenu à l'occasion de l'Exposition universelle de 1878. On avait vu à cette époque fonctionner dans une grande guerre les deux systèmes, et on avait pu apprécier les résultats obtenus : aussi les conclusions formulées à ce sujet étaient-elles : « La direction du service médical militaire doit, comme « cela existe dans presque toutes les armées modernes, appartenir exclusive-« ment au médecin en chef de l'armée sous la haute autorité du commande-« ment ». La France, adoptant ces principes, en faisait l'application en 1882, et une direction spéciale de service de santé était créée au ministère de la guerre. Dès lors de grands progrès ont été réalisés ; je mentionnerai ici ceux qui ont trait spécialement à l'organisation générale du service de santé en campagne, à l'hygiène et aux soins sur le champ de bataille et sur toute la surface du territoire.

« *Organisation des services de secours militaires et auxiliaires.* — L'organisation du service de santé par échelons, jugée nécessaire à la bonne administration des secours et déjà adoptée dans la plupart des armées européennes, a été définitivement arrêtée en France par le Règlement sur le service de santé en campagne, publié en 1884 par le ministère de la guerre.

« Les services de secours y sont divisés en services : 1º de l'avant, 2º de l'arrière, 3º du territoire. Deux formations sanitaires nouvelles de la plus haute importance y figurent : l'hôpital de campagne dans le service de l'avant et l'hôpital d'évacuation dans le service de l'arrière. Les hôpitaux de campagne sont destinés à hospitaliser et à soigner sur place les blessés non transportables et ceux qu'on ne peut évacuer, faute de place disponible ou de wagons de transport ; les hôpitaux d'évacuation sont destinés à réunir les malades et les blessés qui doivent être évacués, à les abriter et à les soigner au besoin, jusqu'à ce qu'ils prennent place dans un train d'évacuation. C'est dans le service du territoire à peu près exclusivement que trouvent place les services organisés par les Sociétés de secours. Ces sociétés, très répandues aujourd'hui en Europe, sont partout régies suivant les principes adoptés lors du Congrès de 1878, notamment au point de vue *a*) de la subordination de leur personnel au médecin en chef de l'armée, *b*) de la limite de leurs attributions et de leur sphère d'action. Elles se sont partout largement développées comme importance et comme nombre, et sont appelées à rendre les plus grands services, étant aujourd'hui bien organisées et partout acceptées et reconnues comme des auxiliaires du service de santé des armées.

« En France notamment, deux sociétés nouvelles se sont fondées : l'Association des dames françaises, l'Union des femmes de France. Depuis 1879, elles constituent avec la Société française de secours aux blessés des armées de terre et de mer le faisceau des Sociétés de la Croix Rouge française, réglementée pour le temps de paix et de guerre par des décrets analogues datant de 1884 et 1886.

« *Hygiène et soins sur le champ de bataille.* — Je ne dirai rien des précaulions hygiéniques prises *avant le combat ;* je signalerai seulement l'importance reconnue de donner du thé ou du café aux hommes de préférence à de l'alcool, la guerre serbo-bulgare ayant une fois de plus confirmé les constatations maintes fois faites en Afrique au sujet de l'innocuité relative des opérations chez les hommes non adonnés à l'alcool, et celles faites inversement pendant la lutte de l'armée française contre la Commune, dont les soldats, souvent alcooliques ou alcoolisés au moment du combat, ne résistaient pas aux traumatismes, blessures ou opérations. Je signalerai en outre l'adoption à peu près générale de la plaque d'identité.

« *Pendant le combat,* il ne saurait être question d'hygiène pour le combattant, mais il en est tout autrement pour le blessé.

« Plus longtemps un blessé reste sur le champ de bataille sans secours et sans soins, plus il a de chances de succomber, soit aux accidents immédiats, soit aux accidents consécutifs. La vérité de ces assertions est indéniable.

« Plusieurs points afférents aux soins à donner aux blessés sur le champ de bataille et aux moyens de les transporter le plus rapidement possible aux ambulances ont été étudiés en 1878. Les conclusions adoptées ont été sanctionnées par les organisations actuellement en vigueur.

« Elles ont trait au personnel et au matériel. C'est ainsi qu'ont été créées des compagnies spéciales de brancardiers, et qu'elles ont été maintenues là où elles existaient déjà, comme dans l'armée allemande, où, en 1870, elles ont rendu les plus grands services.

« Des brancardiers régimentaires ont été désignés dans les diverses armées : en France ils sont au nombre de 4 par compagnie, soit 16 p. 1,000 hommes ; ils ont pour fonctions de concourir, les jours de bataille, au transport des blessés avec les brancardiers des compagnies sanitaires.

« Les questions d'hospitalisation sur place des blessés, chirurgicalement non transportables, d'évacuation et de dissémination des blessés transportables, ont été étudiées avec un soin tout particulier.

« Dès 1868, après la guerre austro-prussienne, M. Léon Le Fort écrivait : « Faire venir l'hôpital vers le malade et non plus envoyer, coûte que coûte, le « malade vers l'hôpital : telle est la révolution qu'il appartient à notre pays « d'accomplir. »

« Peu après, ces principes étaient adoptés dans l'armée allemande, et la guerre de 1870 fournissait l'occasion de les appliquer et d'en démontrer la justesse. En 1878, le Congrès s'y ralliait, et en témoignait en disant : « Il est « à désirer que la chirurgie militaire de tous les pays, comme celle de l'armée « allemande, soit mise en possession des moyens d'assurer l'hospitalisation « sur place des blessés intransportables. »

« Mais il ajoutait aussitôt :

« La possession de ces moyens n'exclut pas l'évacuation des blessés transportables. »

« Deux courants d'opinion partageaient, en effet, les membres du Congrès : certains, partisans convaincus de l'hospitalisation sur place largement pratiquée; le plus grand nombre, les médecins militaires en particulier, ayant fait de nombreuses campagnes, et préoccupés avant tout d'éviter l'encombrement, partisans des évacuations largement pratiquées et de l hospitalisation sur place restreinte aux cas rapidement mortels ou exceptionnellement graves. Le pansement ouaté de A. Guérin permettait déjà le transport dans de bien meilleures conditions qu'auparavant.

« De cette discussion et de l'observation attentive des faits, on peut conclure qu'il est bon que les armées soient mises en possession des moyens d'hospitaliser sur place les blessés les plus gravement atteints, et de pratiquer largement et dans de bonnes conditions l'évacuation des autres à des distances variables, suivant la gravité de leurs blessures et la durée probable de leur indisponibilité.

« Pour les non transportables on a rêvé l'abri porté sur le lieu même où ils sont tombés. Ce n'est là qu'une généreuse utopie à la réalisation de laquelle s'opposent les nécessités de la guerre.

« Plusieurs questions techniques restent à l'étude et pourront être utilement discutées au Congrès. Telles sont les suivantes :

« Le blessé doit-il être relevé, pansé, puis transporté? Ou bien doit-il être relevé, transporté, puis pansé?

« Ces questions en soulèvent une troisième : faut-il ou non munir le soldat d'un pansement individuel adopté dans plusieurs armées européennes sous forme de paquet ou de cartouche de pansement?

« Je ne présenterai ici que quelques arguments, les plus importants, à mon avis, pour la solution de la question.

« Sur le champ de bataille il est impossible de faire un pansement sérieux, antiseptique surtout, pendant le combat; il est même très difficile encore de le faire après le combat.

« Au point de vue chirurgical, l'absence de pansement est préférable à un pansement mal fait, avec des mains et des objets sales; mieux vaut, à ce point de vue, s'en tenir à une simple contention des parties fracturées ou blessées, et réserver l'apposition d'un pansement définitif, après opération préalable, si elle est nécessaire, à l'ambulance ou à l'hôpital. Les résultats de la guerre serbo-bulgare, que je signale un peu plus loin, militent en faveur de cette opinion.

« Le paquet de pansement individuel aurait sans doute un effet moral favorable, et pourrait être une ressource importante à employer à l'ambulance ou à l'hôpital plutôt que sur le champ de bataille; mais sera-t-il gardé par l'homme, et surtout gardé dans l'état parfait de propreté et d'asepsie qui est la condition du succès de son application? Cela est douteux. La question de la valeur pratique du pansement individuel est encore à résoudre: car s'il y a des motifs de le repousser, il y en a de sérieux pour l'adopter, notamment l'impossibilité où se trouvera le service sanitaire de transporter les blessés pendant l'action, avec les armes à tir rapide et le séjour prolongé sur le champ de bataille.

« Le temps manquant pour transporter assez vite tous les blessés d'un champ de bataille au poste de pansement ou à l'ambulance, le brancardier ne doit pas s'attarder, dans la généralité des cas, à faire un pansement forcément provisoire. Il faut sur le terrain de l'action des brancardiers nombreux, instruits, dévoués, bien approvisionnés de matériel de transport; à proximité du champ de bataille, des ambulances et des hôpitaux, largement fournis de personnel et de matériel et dirigés par un médecin militaire ayant la haute main sur tout ce qui concerne la formation sanitaire dont il est le chef et le personnel qui la dessert.

» Au delà, ce qu'il faut, ce sont des moyens de transport par voiture, wagon ou bateau, nombreux et confortables et, partout sur le territoire des pays engagés dans la guerre, des hôpitaux auxiliaires desservis par les sociétés de secours sous la haute direction du service de santé de l'armée, seul directement responsable, vis-à-vis du commandement et du pays, du sort des hommes qui lui sont confiés.

« *6° Des progrès accomplis dans la chirurgie et de leurs applications à la chirurgie d'armée.*

« Si, il y a vingt-cinq ans, on avait prédit ce que nous observons en chi-
« rurgie et en obstétrique, on nous eût traités de fous », écrivait naguère le docteur Just Lucas-Championnière, l'introducteur et le vulgarisateur du pansement de Lister et des pansements antiseptiques en France.

« Pour se rendre compte des immenses progrès faits par la chirurgie depuis l'application de la méthode antiseptique, il ne suffit pas de jeter les yeux sur les statistiques opératoires, il faut encore considérer qu'un grand nombre d'opérations réputées mortelles ou même qu'on n'eût osé tenter autrefois, sont faites couramment aujourd'hui dans une proportion de succès qu'on n'attei-gnait pas auparavant dans les opérations courantes. De ce nombre sont les opérations qu'on pratique sur les articulations et sur les organes de la cavité abdominale.

« Après l'anesthésie, l'antisepsie, voilà deux grandes conquêtes modernes ou actuelles, qui se complètent et assurent la réduction au minimum de la souffrance et de la mortalité chirurgicale.

« Ces grands progrès accomplis dans la chirurgie opératoire ont conduit à des grands progrès en chirurgie conservatrice.

« Les pansements antiseptiques adoptés partout aujourd'hui ont, comme on le sait, pour objet de détruire ou de rendre inoffensifs les germes (microbes pathogènes) de l'atmosphère et des objets mis au contact de la plaie, et ceux qui ont pu déjà envahir celle-ci, en même temps que de la protéger contre ceux qui pourraient l'atteindre ultérieurement.

« Ces pansements, dont les éléments sont :

« 1° Des produits antiseptiques divers (spécialement acide phénique, iodo-forme, sublimé, acide borique);

« 2° Des substances végétales absorbantes, rendues aseptiques ou antisep-tiques et conservées à cet état (carton, étoupe, tourbe);

« 3° Un tissu imperméable (makintosch, gutta-percha, baudruche imperméable);

« 4° Des bandes légères en tarlatane,

nécessitent les plus grands soins de propreté dans leur application. Ils n'atteignent la limite de leur efficacité qu'entre les mains de médecins convaincus et soigneux ou d'aides habiles, consciencieux; mais, pratiqués comme ils doivent l'être, ils donnent des résultats véritablement merveilleux : le mot n'est pas exagéré si on les compare à ceux des pansements anciens.

« Leur adoption qui s'impose a nécessité dans l'approvisionnement du service de santé des armées des transformations qui doivent, coûte que coûte, être au plus tôt complétées si elles ne le sont déjà. Elle nécessite aussi quelques modifications dans la proportion des divers membres composant le personnel de santé des formations sanitaires.

« Ces pansements, en effet, sont plus longs à faire, mais ils sont plus rarement renouvelés que les anciens. Ils sont plus coûteux et plus encombrants si on considère un pansement isolé; mais, étant moins souvent renouvelés au cours d'un traitement, ils ne coûtent pas plus cher et n'encombrent pas plus que les pansements anciens. Ils nécessitent la présence dans les lieux de secours, postes de pansements, ambulances ou hôpitaux, d'un plus grand nombre de médecins, mais ils n'y imposent pas le maintien d'un aussi grand nombre d'infirmiers que les pansements anciens. Quoi qu'ils nécessitent d'ailleurs, ils doivent être universellement adoptés, et tout doit être préparé pour qu'ils puissent être partout et toujours appliqués dans de bonnes conditions; la vie des blessés en dépend.

« La possibilité de faire, grâce à ces moyens, toutes les opérations autres que celles nécessitant l'ablation ou des lésions irrémédiables d'organes essentiels à la vie, a porté les chirurgiens tantôt à rechercher les projectiles perdus dans les profondeurs de l'organisme, tantôt à les laisser dans les tissus ou les organes jusqu'au moment où leur extraction pourrait être nécessitée par le développement d'accidents ultérieurs; mais l'imminence et le danger des accidents traumatiques ou opératoires ayant diminué, on a renoncé à cette hâte d'opérer, d'amputer ou de prendre son parti des blessures réputées incurables, et on a adopté le principe salutaire de l'expectation armée, autrement dit, de l'intervention éventuelle. On a en même temps restreint la pratique des opérations et repoussé les explorations prolongées et réitérées dans les plaies profondes par projectiles d'armes à feu, faites le plus souvent jusqu'ici avec des doigts ou des instruments qui, faute d'avoir été rendus aseptiques, portaient avec eux des germes infectieux sur des surfaces prêtes à les retenir.

« Je ne peux m'étendre sur la partie essentiellement technique du sujet, mais je crois devoir, pour entraîner la conviction de tous, résumer ici quelques statistiques qui porteront avec elles les conclusions de ce rapport.

« M. Menod, analysant en 1882 à la Société de chirurgie de Paris les statistiques de Max Schede, publiées dans l'article « amputation » du traité de Pitha et Billroth, dressait le tableau comparatif suivant des résultats obtenus avec antisepsie par Bush, Socin, Volkmann et lui-même, et de ceux obtenus par Bardeleben, Billroth, Bruns, sans antisepsie.

STATISTIQUES.

BUSH, SCHEDE, SOCIN, VOLKMANN, AVEC PANSEMENT ANTISEPTIQUE DU LISTER.			BARDELEBEN, BILLROTH, BRUNS. SANS LE PANSEMENT ANTISEPTIQUE DU LISTER.		

AMPUTATIONS.

Cas simples.

	Opérés.	Guéris.	Morts.	Opérés.	Guéris.	Morts.
Épaule..............	9	8	1	15	7	8
Bras...............	32	32	0	41	35	6
Avant-bras	47	47	0	42	39	3
Main..............	4	4	0	10	10	0
Hanche............	6	2	4	3	1	2
Cuisse	86	80	6	105	62	43
Genou	3	3	0	7	6	1
Jambe.............	69	68	1	115	78	37
Pied.	65	63	2	39	29	10
	321	307	14 (1)	377	267	110 (2)

Cas compliqués.

	Opérés.	Guéris.	Morts.	Opérés.	Guéris.	Morts.
	96	36	57	84	16	68
TOTAUX	417	343	71 (3)	461	283	178 (4)

« D'après ces statistiques on voit que la mortalité des cas simples traités par les méthodes antiseptiques a été de 4.4 p. 100, tandis que les mêmes cas traités par les anciens pansements ont donné une mortalité de 29.18 p. 100.

« Réunissant les cas compliqués aux cas simples, on voit que la mortalité des malades traités par les méthodes antiseptiques a été de 17.02 p. 100, tandis qu'elle a été de 38.6 p. 100 pour ceux qui ont été traités par les anciens pansements.

« Toutes les statistiques publiées depuis donnent des résultats analogues et plus probants encore.

« Tous les ans, dans les statistiques qu'il soumet à la Société de chirurgie, le Dr Terrier fournit des arguments nouveaux qui viennent confirmer ces conclusions.

« On a dit qu'il fallait faire entrer aussi en ligne de compte les progrès réalisés en hygiène hospitalière ; cela est absolument juste, et l'hygiène de l'hôpital a surtout en temps de guerre une importance capitale.

« Mais pour bien démontrer que c'est surtout aux méthodes nouvelles que

(1) Soit 4.4 p. 100.
(2) Soit 29,18 p. 100.
(3) Soit 17.2 p. 100.
(4) Soit 38,6 p. 100.

sont dus les succès chirurgicaux actuels, M. Just Lucas-Championnière a publié en 1888 le résultat de ses opérations dans un pavillon antérieurement réservé aux varioleux et désinfecté par ses soins.

« Il a pratiqué 181 opérations (la plupart de grandes opérations); trois malades seulement sont morts, l'un opéré *in extremis* d'une hernie étranglée, les deux autres de maladies indépendantes de l'opération ou de la lésion qui l'avait nécessitée. Toute cette chirurgie s'est faite sans suppuration. M. Just Championnière en conclut qu'on n'a pas encore tiré des doctrines pastoriennes tout ce qu'elles peuvent donner en hygiène, et que leurs applications à la médecine sont à peine entrevues aujourd'hui, comme l'étaient il y a quelques années leurs applications à la chirurgie. Je ne peux ici que mentionner cette opinion.

« En présence de ces brillants résultats obtenus en temps de paix, on doit se demander s'ils seront les mêmes en temps de guerre, et comment ils pourront du moins s'en rapprocher s'ils ne peuvent les égaler : car il faut encore le rappeler, la guerre crée des conditions spéciales de mortalité, et les blessures en temps de guerre semblent avoir été aux blessures en temps de paix, ce que sont en général les maladies à l'état épidémique aux mêmes maladies à l'état sporadique, c'est-à-dire beaucoup plus graves généralement. C'est ainsi que Volkmann, sur 75 fractures compliquées, observées en temps de paix, n'enregistre pas un décès, tandis que Reyhes, sur 97 cas par coups de feu, comptait 30 p. 100 de mortalité durant la guerre russo-turque. Il en est de même pour les plaies pénétrantes de poitrine par coup de feu qui, en temps de paix, n'ont donné que 15 p. 100 de mortalité, tandis qu'elles ont donné 60 p. 100 en temps de guerre ; mais ici il faut tenir compte de ce fait que les blessures par coup de feu en temps de paix sont généralement faites par des armes de petit calibre et dont les projectiles sont doués d'une vitesse moyenne.

« Ces résultats d'ailleurs sont antérieurs à l'application de la méthode antiseptique à la chirurgie de guerre. Ceux de la guerre serbo-bulgare seuls peuvent à ce sujet nous renseigner. Je les donne en manière de conclusion, pour montrer par là mieux que par tous les arguments théoriques les progrès réalisés de nos jours dans les soins aux blessés et les devoirs qu'ils imposent à tous ceux qui ont charge de la préparation des moyens de secours en vue d'une guerre.

« Mais je tiens à répéter auparavant que, malgré ces succès chirurgicaux et l'épreuve hardie faite par M. Lucas-Championnière, l'hygiène du soldat, de l'armée, du blessé, de l'hôpital, ne doit pas être laissée au second plan, que des moyens de transport suffisants en nombre et en qualité doivent être partout assurés à l'armée, ainsi que des moyens d'hospitalisation qui permettent d'éviter l'encombrement et ses conséquences funestes ; car il y a des maladies comme des complications de blessures à éviter, et le maximum des résultats favorables auquel on doit tendre ne saurait être atteint si on ne considère qu'une des indications, fût-elle même la plus importante, du traitement des blessés en campagne.

		MORTALITÉ DANS LES GUERRES PRÉCÉDENTES.	MORTALITÉ DANS LA GUERRE SERBO-BULGARE.
Fractures	de l'humérus...........	17 p. 100	0 p. 100
	de l'avant-bras.........	11	3 p. 100 (tétanos.)
	du carpe et du métacarpe.	3	0.6
	de la cuisse............	51	18
	de la jambe............	18	5.6
	du tarse et du métatarse..	8.8	2.3
			(dont 1.8 p. 100 de tétanos.)
Blessures	de l'épaule	26 p. 100	0 p. 100
	du coude.............	20	0
	des articulations de la main	12.3	4 p. 100 (tétanos.)
	de la hanche...........	85	50
	du genou.............	26	0
	du pied.	15	4.3
			(dont 2.1 p. 100 de tétanos.)

« Cette statistique a porté sur 3,100 blessés traités à Belgrade.

« Le docteur Burn, à Sophia, a soigné 130 blessés (116 blessures des parties molles, 12 fractures compliquées, 8 plaies articulaires, 2 blessures de pointe) : il n'a été fait aucune amputation, et il n'y a pas eu un seul cas de mort.

« M. le docteur Boulouémé termine en proposant d'émettre le vœu :

« 1º *Que le service de santé des armées augmente le plus possible les moyens d'hospitalisation sur place ;*

« 2º *Que le service de santé des armées et les sociétés de secours augmentent et améliorent le nombre et la qualité des moyens de transport ;*

« 3º *Que les sociétés de secours augmentent et améliorent le plus possible l'organisation d'hôpitaux auxiliaires au point de vue du personnel et du matériel ;*

« 4º *Que les pansements antiseptiques soient exclusivement adoptés et enseignés, et systématiquement appliqués ;*

« 5º *Que tous les moyens antiseptiques soient appliqués au point de vue médical comme au point de vue chirurgical.* (Applaudissements.) »

M. LE PRÉSIDENT rappelle qu'au Congrès de Carlsruhe les sommités médicales du monde entier ont établi que le seul pansement à employer était le pansement antiseptique. M. LE PRÉSIDENT dit qu'il a éprouvé un sentiment patriotique que tout le monde comprendra, en pensant que tous ces progrès sont dus aux découvertes d'un Français, de l'illustre Pasteur. (*Applaudissements.*)

M. le docteur Desprez demande la parole :

Au milieu des spectacles les plus lamentables de la guerre franco-allemande de 1870, celui qui m'a le plus douloureusement impressionné, comme médecin, a été l'encombrement des ambulances, causé par l'insuffisance absolue des moyens de transport pour les blessés.

L'impossibilité de transporter, sans douleurs atroces, d'une ambulance à l'autre, des blessés quelque peu gravement atteints, et la cruelle nécessité de les laisser sur place m'ont laissé une impression inoubliable.

Cette accumulation en nombre exagéré des blessés dans un espace beaucoup trop restreint amène les complications les plus terribles, que je ne veux pas décrire ici, parce qu'elles sont trop connues.

La solution de ce redoutable problème ne peut résider, à mon avis, que dans deux moyens :

1° Un mode de transport des blessés excellent, irréprochable à toutes les distances, fût-ce dans les plus grossiers véhicules et par les plus mauvais chemins ;

2° L'installation, rapidement réalisable, de très nombreuses ambulances.

Les voitures d'ambulances, telles qu'elles sont exposées à la *Société de secours aux blessés des armées de terre et de mer*, installées avec quatre ou six brancards, me paraissent être des moyens de transport malheureusement insuffisants aujourd'hui.

Les brancards y sont suspendus sur des courroies, et tout l'ensemble de la voiture est installé sur des ressorts ordinaires ; les réactions doivent certainement être assez dures dans les mauvais chemins.

Ces véhicules peuvent être transformés très facilement en un moyen de transport excellent, supérieur aux premières classes en chemin de fer.

Ce résultat satisfaisant est tout simplement dû à l'application d'un appareil à ressorts compensateurs à la face inférieure du support des brancards, et s'insérant sur la paroi adjacente de la voiture ; cette suspension se fait au moyen d'une corde ou d'une courroie solide, qui correspond aux ressorts sous-jacents ; cette disposition brise et annule tous les chocs de roulis et de tangage.

Ce brancard a servi bien souvent à transporter dans mon service chirurgical des blessés grièvement atteints ; il a toujours donné les résultats les plus satisfaisants.

Cet appareil, excellent pour toutes les grosses voitures et pour les wagons de marchandises, n'est pas le seul désirable en temps de guerre ; il faut encore un moyen de transporter les blessés très rapidement et sans surcroît de souffrances du champ de bataille à l'ambulance.

Le dispositif que je préconise, et qui a déjà été exposé à Anvers, à Bruxelles, et l'est aujourd'hui (classe 14) à l'Exposition universelle de Paris, se compose de quatre cylindres à ressorts compensateurs, terminés, d'un côté, par un crochet solide, mobile sur son axe, qui sert à supporter le brancard, et, de l'autre, à une chaîne de Vaucanson, qui peut recevoir, dans chacune de ses mailles, un crochet disposé pour s'insérer sur les ridelles ou les écalages des grands chariots de campagne, quelle qu'en soit la largeur.

On peut ainsi, sans choc appréciable, transporter à longue distance des blessés, surtout au grand trot d'un cheval.

Le brancard peut être remplacé par une large planche et deux traverses, auxquelles sont adaptés les quatre cylindres.

Des expériences nombreuses, en présence de commissions techniques, ont toujours donné d'excellents résultats, et cet appareil a eu l'honneur d'être adopté par M. de Freycinet, ministre de la guerre.

Je crois intéressant de signaler encore un camion à bras portant un brancard mobile ; l'addition de ressorts compensateurs aux ressorts de suspension lui enlève toute réaction brusque, et empêche les accidents des voitures à deux roues, suspendues sur ressorts simples.

Cet appareil à brancard mobile transporte très doucement un blessé dans des endroits inaccessibles aux grosses voitures.

On pourrait le transformer très aisément en une petite voiture attelée, extrêmement légère, douce et très rapide.

Deux brancardiers suffisent pour transporter un blessé.

Comme il est facile de le voir, il y a aujourd'hui à la disposition des blessés d'excellents appareils pour les transporter sans choc du champ de bataille à l'ambulance, et de l'ambulance la plus proche à une autre plus éloignée, ou au chemin de fer le plus proche.

En wagon de marchandises aussi, comme l'enseigne M. le médecin inspecteur Gaujot, directeur du Val-de-Grâce, les ressorts compensateurs donnent forcément un résultat excellent ; ils permettent, à défaut de brancards de guerre, d'y installer avec succès les brancards improvisés très ingénieux de M. le docteur Bouloumié.

Il en est de même pour les voitures munies de cylindres à ressorts compensateurs ; si les brancards manquent, tous les appareils improvisés deviennent bons, car toutes les réactions des chocs de retour s'y trouvent annulées.

La question du transport en chemin de fer présente beaucoup moins d'importance, car l'État possède un nombreux matériel, qui présente de très bonnes qualités ; et, quand les compagnies de chemins de fer auront également adopté l'appareil compensateur aux ressorts de tamponnement, les transports des blessés par chemin de fer seront très améliorés.

Mais il faut un certain temps pour construire ces divers appareils ; plusieurs mois seraient nécessaires pour exécuter cette transformation dans des conditions irréprochables.

Aussi serait-il désirable, pour hâter la généralisation de ces notables améliorations, de voir instituer, le plus tôt possible, un grand concours public d'appareils de transport pour blessés sur les terrains les plus durs et les plus accidentés.

Il est un dernier point sur lequel je désire attirer l'attention du Congrès.

À quoi servirait-il de pouvoir envoyer au loin les blessés, s'il n'y avait pas d'ambulances pour les y recevoir ?

Je ne veux qu'effleurer ici cette question, qui est d'une haute importance, et qui est justement un corollaire obligé du transport des blessés rapide, sans souffrances, et à toute distance, surtout dans une direction opposée à celle des opérations militaires.

Il me semble que M. le ministre de la guerre pourrait demander à chaque ville ou village un peu important de s'inscrire pour un nombre d'ambulances proportionné à ses ressources en immeubles disponibles, et désignés à l'avance pour la direction des convois de blessés.

La charité et la générosité, qui sont si développées dans notre noble pays, ne sont jamais invoquées en vain dans les grands malheurs publics. On trouvera alors partout, et particulièrement dans le corps médical, les hommes les plus dévoués à ceux qui souffrent.

Avec les agents thérapeutiques d'aujourd'hui, avec les pansements antiseptiques, avec la méthode conservatrice qui domine, avec les appareils excellents que nous tenons à la disposition des blessés, je puis affirmer, sans crainte d'être démenti, qu'avec un transport absolument inoffensif à toute distance, qui ne complique pas les plaies, et avec des ambulances nombreuses du nord au midi, de l'est à l'ouest, je puis affirmer hautement que nous ne perdrons guère, parmi nos blessés, que ceux qui auront reçu une lésion devant la gravité de laquelle les ressources de l'art chirurgical et médical ne peuvent rien. Encore, s'ils succombent, leur aurons-nous, au moins, évité la torture aiguë d'un mauvais mode de transport.

M. le médecin-major Schneider demande à présenter une observation. M. le docteur Desprez a exprimé le désir que chaque ville et chaque village fassent connaître à l'avance les ressources qu'ils pourraient offrir en cas de guerre au point de vue des ambulances. Ce vœu est réalisé pour la France, et à cette heure les directions du service de santé militaire, centrales et régionales, possèdent des documents très complets sur les ressources de cette nature que leur offre le territoire français.

M. le docteur Bouloumié reconnaît que les moyens de transport ont été très perfectionnés depuis quelques années. Il apprécie et il loue les efforts faits dans ce sens par le docteur Desprez, mais il ne peut s'empêcher de faire remarquer qu'en temps de guerre ces appareils perfectionnés seront toujours en très petit nombre.

C'est pourquoi, pour sa part, il cherche avant tout à apprendre aux populations rurales à tirer parti de tout ce qui se trouve sous leurs mains pour le transport des blessés. Avec les voitures de ferme, et avec les cordages qui font partie de leur attelage, il est possible de transporter les blessés dans de bonnes conditions. Avec des pieux, des pelles, des pioches et quelques sacs, on peut faire des brancards très suffisants.

Multiplier le matériel perfectionné, c'est bien ; mais apprendre à tout le monde à improviser un matériel avec ce qu'on a sous la main, c'est peut-être encore mieux.

M. le docteur Félix (Belgique) reconnaît que l'enlèvement des blessés sur le champ de bataille appartient de droit au service de santé militaire.

Mais l'honorable membre se demande si en proclamant bien haut que jamais, et en aucun cas, les sociétés d'ambulance n'auront à intervenir sur le champ de bataille, on ne risque pas de décourager ces mêmes sociétés.

Il peut se présenter tel cas où, malgré l'organisation la plus parfaite, le service de santé militaire, étant débordé, ait besoin de faire appel aux sociétés libres d'assistance.

Il est bon de laisser entrevoir à ces sociétés que, dans certaines hypothèses, elles peuvent être appelées sur le champ de bataille.

M. LE PRÉSIDENT répond qu'en ce qui concerne la France, les règlements sont formels. Le champ de bataille appartient au service de santé militaire. Mais les sociétés de secours, sans aller sur le champ de bataille, n'auront pas moins une fort belle tâche à remplir.

M. le colonel WILSON (Pays-Bas) dit que dans son pays l'antisepsie est généralement adoptée dans les hôpitaux et dans la pratique civile.

En ce qui concerne l'antisepsie sur le champ de bataille, il y a deux méthodes : la première est préconisée par Bergmann, qui estime que ce qui importe avant tout, c'est de ne pas nuire au blessé. Dans ce système, on se contente de mettre un bandage-sonde sur la blessure, sur laquelle on a préalablement répandu de l'iodoforme, et on se préoccupe de transporter le blessé à l'ambulance le plus promptement possible.

Le second système consiste à désinfecter la plaie à la solution mercurielle avant le pansement, ce qui a été pratiqué avec succès par des médecins militaires aux Indes néerlandaises.

L'orateur demande aux médecins militaires français si l'expérience qu'ils ont acquise leur permet de se prononcer pour l'une ou l'autre de ces méthodes.

M. le médecin-major SCHNEIDER répond que la seule observation qu'il puisse faire, c'est qu'il n'est pas toujours facile, sur un champ de bataille, de se procurer de l'eau à volonté, et par conséquent d'employer des solutions, surtout lorsqu'on a un très grand nombre de blessés à soigner. D'autre part, l'eau qu'on peut se procurer n'est pas aseptique; ce qui est un danger pour les plaies. Dans ces conditions, il vaut mieux avoir recours au pansement antiseptique sec.

M. le colonel WILSON (Pays-Bas) ajoute qu'aux Indes, dans l'armée hollandaise, les infirmiers apportent avec eux une bouteille de solution mercurielle. Mais il reconnaît que ce qui est applicable à un champ de bataille, sur lequel il n'y a que quelques blessés, ne serait pas possible dans les guerres européennes où l'on se trouve en présence de milliers de blessés.

M. le médecin-major SCHNEIDER répond que dans l'armée française chaque infirmier porte déjà un bidon destiné à son propre usage. Il porte en outre un second bidon contenant une boisson destinée aux blessés. Si on lui donnait un troisième bidon contenant une solution mercurielle, on risquerait de voir commettre des erreurs irréparables, car l'infirmier pourrait se tromper de bidon et faire boire au blessé la solution mercurielle qui est un poison violent.

M. le docteur FÉLIX (Belgique) dit que la Croix rouge de Belgique, ayant reconnu l'impossibilité d'employer les solutions sur le champ de bataille, et estimant qu'il convient avant tout de préserver la plaie de l'air, a proposé de mettre dans les plaies des antiseptiques secs.

Le vœu proposé par M. le docteur BOULOUMIÉ est adopté à l'unanimité.

L'ordre du jour appelle la discussion du rapport de M. le docteur Duchaussoy sur la septième question :

Quelles sont, dans l'état actuel de la science, les conditions générales que doit remplir le matériel d'hospitalisation?

M. le docteur DUCHAUSSOY donne lecture de son rapport ainsi conçu :

« Avant d'entrer dans le sujet, il importe de le bien préciser. L'hospitalisation dont il est ici question ne peut s'entendre que de celle dont s'occupent les sociétés d'assistance aux blessés et aux malades de l'armée, en temps de guerre; les hôpitaux civils sont tout à fait en dehors de nos études.

« Cette délimitation du sujet n'est pas encore suffisante. Les devoirs qui incombent aux sociétés de la Croix Rouge ne sont pas les mêmes dans tous les États : il y a plus, ils peuvent être différents dans un même État pour les diverses sociétés qui composent la Croix Rouge. Ainsi, dans certains pays, la Croix Rouge est admise à prendre part aux secours sur le champ de bataille, à hospitaliser les blessés près du lieu de l'action et à procéder aux évacuations.

« En France, les sociétés de secours n'approchent pas du champ de bataille; l'une d'elles est chargé d'organiser les ambulances de gare et les hôpitaux auxiliaires : les deux autres n'ont à s'occuper que de ces derniers hôpitaux : ajoutons que l'autorité militaire en désignera l'emplacement, et que, selon toutes les probabilités, ils seront aussi éloignés que possible du théâtre de l'action.

« Ces considérations préliminaires nous permettent déjà d'entrevoir une partie des conditions que doit présenter notre matériel d'hospitalisation, car ce matériel doit être conforme à la mission particulière des sociétés de secours, et approprié aux circonstances dans lesquelles cette mission devra s'exercer.

« Pour l'accomplissement de leur mission, les sociétés de secours doivent préparer, en temps de paix, le matériel et le personnel nécessaire. Si, comme nous le croyons, cette préparation, dès le temps de paix, est admise, sans conteste, nous sommes fondés à dire que les sociétés doivent éliminer le *matériel improvisé*, matériel toujours défectueux; la nécessité peut, il est vrai, l'imposer sur le champ de bataille, mais dans nos sociétés tout doit être mûri par l'étude et amassé en quantité suffisante pour les premiers besoins, sur tous les points du territoire. Les sociétés de secours ne doivent pas être surprises : elles n'ont donc pas à improviser : l'improvisation d'ailleurs ne répond ordinairement qu'aux nécessités pressantes; elle ne peut guère parer à celles du lendemain et les regrets ne tardent pas à suivre la satisfaction d'avoir, en apparence, surmonté une difficulté. Donc, sauf les cas tout à fait imprévus, nous n'admettons pas l'improvisation du matériel pour les sociétés de la Croix Rouge, et nous approuvons sans réserve l'article ainsi conçu de la Conférence tenue à Genève en 1884 : « Les sociétés doivent prendre les mesures néces-« saires pour qu'un matériel suffisant, en quantité comme en qualité, soit prêt « en cas de mobilisation, spécialement pour les premiers besoins. »

« Dans une autre conférence tenue à Berlin, en 1869, on avait posé en règle que le matériel acheté par les sociétés de secours doit être, autant que possible, *conforme aux modèles établis par l'État.*

« Il est certain que l'uniformité du matériel en facilite beaucoup l'emploi : elle permet d'éviter les tâtonnements dans la confection, les surprises dans la mise en œuvre ; elle simplifie l'instruction du personnel. Il est également très vrai qu'en ce qui concerne le matériel sanitaire de l'armée française, les perfectionnements ont été si nombreux et si importants dans ces dernières années, que ce matériel pourrait être proposé pour modèle ; mais, outre que le progrès est incessant et que la perfection d'aujourd'hui sera fort arriérée demain, je dois faire remarquer qu'en prenant à la lettre cette résolution de la Conférence de Berlin, on risquerait de paralyser les initiatives privées et de fermer la porte à des progrès importants. Il vaut mieux donner libre carrière à tous les efforts civils et militaires pour tout ce qui concerne le matériel d'hospitalisation, de pansements, l'aménagement ou la construction des locaux, l'instruction du personnel. L'expérience de ces vingt dernières années en France a montré amplement les heureux résultats, pour l'armée, de ces efforts du génie civil, de la chirurgie civile, unis aux travaux incessants de Ministère de la guerre.

« Et puis, remarquez la transformation qui tend à s'opérer dans les idées, sur la part respective que l'armée et les secours volontaires doivent prendre en cas de guerre ; peu à peu on est arrivé à penser que les services de l'armée doivent donner le premier secours, et, qu'à partir de là, c'est la société civile qui doit reprendre ses enfants pour les soigner et les rendre le plus vite possible à la défense nationale. Cette idée que nous croyons juste, que nous défendons depuis 1870 et que le nombre des blessés et des malades dans la prochaine guerre fera certainement accepter par ceux mêmes qui la combattent encore aujourd'hui, cette idée de la délimitation très nette et très nécessaire du rôle des militaires et du rôle des civils, conduit à admettre la nécessité d'une libre initiative pour le choix du matériel d'hospitalisation auxiliaire. Je crois donc qu'il y a une restriction à apporter à l'article précité de la conférence de Berlin, et qu'il vaudrait mieux le rédiger ainsi : « Le matériel employé par les sociétés sera approuvé par l'autorité « militaire. »

« De cette façon, l'initiative privée aura ses coudées franches et l'État ne perdra rien des droits inhérents à la lourde responsabilité dont il est chargé.

« Il est encore un autre élément d'appréciation que je ne puis passer sous silence ; c'est le nombre d'hommes que chaque hôpital doit contenir. Pour les sociétés françaises de la Croix Rouge, ce nombre varie de 20 à 200 ; on conçoit que l'organisation du matériel ne saurait être la même pour des hôpitaux qui diffèrent autant par le nombre. La cuisine, la pharmacie, la buanderie, etc., devront répondre à des besoins très différents; ce point n'a pas besoin de démonstration.

« Les considérations générales que nous venons de présenter nous permettent de parler maintenant des qualités que le matériel doit réunir, car ces qualités sont en grande partie subordonnées à ce qui vient d'être dit.

« Pour les exposer avec un peu d'ordre, nous les diviserons en trois groupes, et nous les rattacherons : 1º à la science médico-chirurgicale; 2º à la science des constructions et du génie civil; 3º à la durée, à la situation et à la destination spéciale de l'hôpital qu'il s'agit de meubler.

« Au point de vue médical, la grande préoccupation doit être de s'opposer au développement et à la propagation des maladies infectieuses. Le choix des matériaux, la forme même qu'on leur donne jouent ici un rôle important. Ne pas y laisser pénétrer les germes des maladies, soit sous forme de poussière, soit sous forme liquide, ne pas les laisser détériorer par les agents de désinfection, qu'ils soient chimiques ou physiques, voilà les premières qualités du matériel. Le fer, le bois, le caoutchouc durci, le verre, la tôle émaillée ou nickelée permettent de les obtenir, mais ces substances ne se prêtent pas toutes également à la stérilisation et à la désinfection.

« Le bois se laisse plus facilement pénétrer par les agents septiques; les assemblages, plus nombreux que pour le fer, laissent des interstices où les poussières séjournent; les lavages répétés l'altèrent, la chaleur des étuves le déforme. Aussi le fer nous paraît mériter la préférence; nous croyons possible de construire en fer tout le mobilier d'un hôpital, sans que le poids soit trop considérable; les fers en cornières et les fers creux donnent de grandes facilités, et notre idéal est le mobilier en fer avec des surfaces planes ou courbes. L'Exposition actuelle offre de remarquables essais en ce genre; les quelques imperfections de détail que ces essais laissent voir tiennent surtout à la rapidité de l'exécution; il serait très facile de les faire disparaître.

« Voulez-vous que nous nous arrêtions un instant sur les ustensiles nécessaires aux soins des malades, tels que bassins à pansements, vases divers, etc.? Le programme du concours ouvert en ce moment à Berlin pour l'aménagement d'un lazaret portatif recommande de remplacer le verre et la porcelaine par le caoutchouc mou ou durci. Cette recommandation a, sans doute, son utilité pour un mobilier qui doit beaucoup voyager, et c'est bien ainsi que le comprend le programme allemand, puisqu'il indique qu'il s'agit de meubler un lazaret démontable, transporté par l'armée. Tout autre doit être le point de vue des sociétés de secours en France. Les objets en caoutchouc durci sont chers, comme ceux en caoutchouc souple; de plus, ces derniers ne se conservent pas bien, la chaleur et le froid les altèrent. Au contraire, les objets en porcelaine et en verre trempé, convenablement garnis de coussins et d'enveloppes, n'offrent aucun danger et sont à bas prix. Pour certains objets, le verre recouvert d'une couche épaisse de vernis offre cet avantage que, même en cas de bris, les morceaux ne se détachent pas et ne peuvent, par conséquent, blesser le malade ou l'infirmier.

« J'ai dit que pour la propreté du matériel et son antisepsie, la forme n'a pas moins d'importance que la matière. Les formes arrondies, concaves ou convexes, l'absence d'angles rentrants, de trous, de lignes creuses, le poli des surfaces empêchent l'accumulation des poussières et des liquides morbigènes, et rendent le nettoyage plus parfait. Le fer galvanisé ne présente pas ordinairement des surfaces assez lisses.

« Les fabricants d'instruments de chirurgie se sont appliqués à réaliser les formes les plus propres à l'antisepsie, en substituant les manches métalliques aux manches de bois, les surfaces rondes et lisses aux surfaces quadrillées, les planchettes découpées aux gaines d'étoffe ou de cuir; ils ont réalisé un grand progrès. Les constructeurs de meubles, les constructeurs de baraques et de tentes peuvent également marcher dans cette voie. Sans entrer ici dans l'étude des abris qui mettent à couvert les malades et le mobilier de l'hôpital auxiliaire, je ferai remarquer que les tentes entièrement construites en toile et en fer présentent de grands avantages pour le renouvellement de l'air et l'antisepsie, non seulement à cause des échanges continuels qui se font à travers la toile entre l'air extérieur et l'air de la salle, mais surtout parce que pour désinfecter cette toile, il suffit de la plonger dans une solution minérale qui peut à la fois en assurer la conservation et la purifier, ou tout simplement de l'imbiber de cette solution avec un pinceau, sans qu'il soit nécessaire de la démonter.

« Le matériel d'hospitalisation doit, en second lieu, être en harmonie avec les progrès considérables faits dans ces dernières années par le génie civil. Je me hâte de dire que les inventions que nous admirons à l'Exposition sont surtout applicables aux grands hôpitaux, ceux qui ont, par exemple, de cent à deux cents lits, et que les petites formations sanitaires auront moins à en profiter.

« Néanmoins, avec quelques modifications, nous pouvons aussi les utiliser pour elles. Ainsi on peut avoir pour chaque hôpital ou pour un groupe de petits hôpitaux, voisins les uns des autres, des appareils à désinfection. Sans doute le prix élevé de plusieurs d'entre eux est jusqu'ici un obstacle, mais il en est qui, avec un peu moins de perfection, donnent des résultats pratiques suffisants, surtout pour un hôpital temporaire, et sont d'un prix abordable. N'oublions pas que les étuves sèches ne tuent pas tous les microbes; que les étuves à saturateurs d'eau sont bonnes pour des objets de peu d'épaisseur, mais que cette vapeur humide ne pénètre pas dans l'intérieur des matelas, des couvertures roulées, des traversins, des oreillers, etc. M. Le Duc, professeur de physique médicale à Nantes, est arrivé à obtenir une désinfection beaucoup plus parfaite avec son étuve à filtration d'air chaud et de vapeur: le mélange d'air chaud et de vapeur, aspiré par un appareil particulier, est forcé de traverser intimement toute la masse des objets à désinfecter. Dans le système de MM. Geneste et Herscher, la vapeur n'est plus entraînée par un aspirateur à travers les objets; c'est de la vapeur sous pression qui pénètre partout. Ce même système peut être aussi employé à l'aide d'une locomobile légère, qui se transporte partout où besoin est. C'est le mode qui a été adopté par M. Brouardel dans la dernière épidémie de suette, pour les villages et les fermes isolées ; c'est un des moyens qui conviendraient le mieux pour un groupe de nos hôpitaux auxiliaires ; la dépense serait ainsi très réduite.

« Avec un autre groupe d'appareils, parmi lesquels se trouve l'étuve à désinfection transportable du docteur Gibier, on opère la désinfection dans la chambre même du malade ; on n'est pas obligé de transporter sa literie au loin, ce qui fait toujours courir le risque de disséminer la maladie.

« Pour les grandes formations sanitaires, nous signalerons la communication facile des salles des malades avec les services centraux, à l'aide du téléphone ou des avertisseurs électriques ; ces derniers peuvent même servir dans un petit hôpital pour mettre chaque malade en rapport avec l'infirmier de garde ; on en voit un exemple à l'Exposition des Dames françaises. Nous rappellerons le chauffage des salles par l'air chaud, par la vapeur, par l'eau chaude. Quel que soit le mode de chauffage adopté pour la salle, on peut l'utiliser pour chauffer l'eau dont le personnel a besoin et pour chauffer une petite buanderie, celle qui ne sert qu'aux petites pièces de lingerie et aux besoins pressants.

« La question du blanchissage a une importance toute particulière dans un hôpital, tant au point de vue de la salubrité, de l'économie, que pour la nécessité d'être prêt à temps. Nous rappellerons donc que, soit par les machines à bras, soit, surtout par la vapeur, on obtient des résultats que le travail à la main ne peut jamais fournir, qu'il s'agisse du lavage, de l'essorage ou du séchage, toutes opérations auxquelles le génie civil a fait faire de grands progrès. N'oublions pas qu'un soufroir est indispensable pour les objets de laine blanche.

« Les cuisines à la vapeur sont restées pendant longtemps peu pratiques : aujourd'hui elles fonctionnent parfaitement, comme on peut s'en convaincre en visitant les cuisines des Grands Magasins du Louvre. Elles ont l'avantage d'être plus hygiéniques pour le personnel, de diminuer beaucoup le nombre des cuisiniers et d'économiser le combustible. En trente minutes, on peut mettre le générateur en pression, et alors, en peu de temps, on peut faire la cuisine pour un nombre de personnes variant de cent à trois mille. Un fourneau de cuisine bien compris peut fournir l'eau d'une petite salle de bains ; aussi est-il utile de placer celle-ci près de la cuisine.

« Je signalerai simplement les appareils qui permettent de conserver les aliments chauds, ou, au contraire, de les conserver par le froid pendant un temps fort long et sans grande dépense ; ils sont surtout utiles aux hôpitaux éloignés des grand centres.

« Et je ne veux pas terminer ce qui se rapporte au matériel perfectionné par le génie civil sans faire remarquer que partout où l'on a installé une machine à vapeur pour les travaux de jour, elle peut servir la nuit pour l'éclairage électrique. Cet éclairage réduit à presque rien les chances d'incendie ;

il permet d'avoir ou de supprimer la lumière par la manœuvre d'un simple bouton de contact, et n'a rien de nuisible pour la généralité des malades.

« Le troisième groupe de considérations que nous avons à présenter a trait à la situation, à la durée et à la destination spéciale de chaque hôpital.

« Si l'hôpital est situé dans une ville abondamment pourvue de tout, outre que le mobilier nécessaire à la réserve perd beaucoup de son importance, le matériel n'a plus à réaliser les conditions d'un transport facile; on peut le prendre tel qu'il se trouve chez les fournisseurs. Si, au contraire, le siège central d'une société de secours doit expédier du mobilier au loin, il devient nécessaire d'avoir combiné, à l'avance, la construction de ce mobilier pour qu'il soit léger, facile à démonter et à remonter, assez solide pour supporter les chocs et les pressions. C'est ici surtout que les objets en fer présentent de grands avantages. On peut construire des lits, des tables, des lavabos, des tables de nuit, des tables de lit, des tables à opérations, des chaises percées, etc., en fer mince, avec pieds articulés, de manière à permettre à toutes les parties plates de s'abattre les unes sur les autres. Ce système est celui qui permet le transport le plus facile et le remontage le plus simple. Si l'on a soin de recouvrir toutes les parties de vernis au four, la propreté et l'antisepsie n'offriront aucune difficulté. Un matériel de cette espèce se conserve aisément; il est incombustible et tient peu de place dans les magasins.

« Nous croyons que c'est le matériel de l'avenir pour les sociétés de secours, et l'idéal serait encore mieux réalisé, si les caisses d'emballage, aussi en fer, étaient construites de telle sorte, qu'après avoir été vidées, elles pussent elles-mêmes constituer des tables et des armoires pour la réserve de lingerie et d'ustensiles.

« La durée d'un hôpital auxiliaire en France ne sera probablement jamais longue; il n'est donc pas utile de le meubler d'un matériel lourd, très solide, dispendieux, comme on doit le faire pour un hôpital fixe. Cette considération du peu de durée et de la destination spéciale d'un hôpital temporaire doit aussi influer sur le choix des matières de couchage. Sans doute les matelas de laine et de crin sont moelleux et résistent longtemps à l'usage, sans qu'on ait besoin de les battre; mais ces avantages sont contrebalancés par leur prix élevé, la facilité avec laquelle les germes des maladies s'y fixent, les vers et les insectes qui s'y développent, la difficulté d'un nettoyage parfait. Toute substance qui peut donner un coucher suffisamment doux et qui a l'avantage de coûter peu, de ne pas contenir de poussières, de ne pas engendrer d'insectes, doit être préférée; il en est plusieurs, parmi lesquelles le crin de sapin tient un rang honorable; en longs filaments ou haché selon l'emploi, il donne de bons matelas, des traversins, des couvre-pieds, des coussins à fractures, etc. Ce crin se lave et sèche rapidement.

« La destination particulière d'un hôpital doit enfin intervenir dans le choix à faire. Une salle de chirurgie ne doit pas être meublée comme une salle de médecine; une salle de contagieux nécessite un ameublement particulier et un ensemble de précautions spéciales; une salle de convalescents qui ne doivent passer que peu de jours à l'hôpital n'a pas besoin du mobilier solide et complet d'une salle de grands malades.

« Tous ces points pourraient être développés, mais la nature de cette communication ne le permet pas; j'ai dû me borner à présenter rapidement des considérations générales; puissent-elles concourir à répandre des idées justes, applicables aux mille détails du matériel nécessaire à nos chers blessés de l'armée : c'est l'espoir de l'Association des dames françaises que j'ai l'honneur de représenter ici, et c'est mon excuse pour vous avoir entretenus d'un sujet un peu aride. En vous l'exposant, je me disais que vous penseriez au bien-être de vos enfants, et que votre cœur saurait y trouver un intérêt qui vous rendrait indulgents pour le rapporteur. » (*Applaudissements.*)

M. Pellerix de Lastelle demande la parole :

« En prenant la parole sur la septième question, je me permettrai de ne traiter que la partie relative aux locaux dans lesquels les malades et les blessés provenant de la guerre doivent être hospitalisés.

« Je déclare tout d'abord que je suis absolument de l'opinion formulée par M. le docteur Duchaussoy dans son rapport.

« L'hospitalis   on en temps de guerre préoccupe à bon droit tous ceux qui se sont consacrés à l'étude de cette question.

« Quand la guerre est déclarée, l'hospitalisation se fait avec les moyens dont on dispose; il est trop tard pour discuter s'ils sont bons ou mauvais. Il est donc indispensable, en temps de paix, d'étudier et de préparer ces moyens.

« Ils sont de deux sortes :

« Ou désigner d'avance les locaux particuliers qui serviront d'hôpitaux provisoires;

« Ou avoir en réserve, en temps de paix, des ambulances montables pouvant être transportées facilement et édifiées immédiatement.

« Si l'on se place au point de vue économique, aucune discussion n'est possible, et la question est résolue; les malades et les blessés devront être, dans ce cas, hospitalisés sans dépense dans des gares, dans des magasins, dans des palais, dans des salles de bal et de concert, etc., et ils y mourront comme les blessés et les malades de 1870-71 y sont morts, c'est-à-dire dans une proportion considérable.

« Comment pourrait-il en être autrement?

« Une des premières conditions de guérison, pour un malade, est d'être logé dans une salle dont l'air soit toujours pur, ce que l'on ne peut obtenir qu'avec une forme spéciale donnée au plafond de la salle, une ventilation constante, et l'éloignement, le plus possible, de tout centre populeux.

« Dans presque tous les hôpitaux, ces dispositions ne se rencontrent pas, et cependant ils ont été construits spécialement pour loger des malades.

« Est-il donc admissible qu'on puisse les rencontrer dans des salles quelconques, dont la ventilation peut être suffisante pour leur destination ordinaire, mais sera certainement incomplète pour des malades, et qui, de plus, se trouveront, pour la plupart, dans des bâtiments situés au centre des villes, et, par conséquent, au milieu d'un air déjà vicié.

« Si, comme en 1870-71, éclate une épidémie de petite vérole ou de toute autre maladie contagieuse, c'est alors que le malade, qui aura souffert de l'air vicié produit par le centre populeux qui entourera son hôpital provisoire, deviendra à son tour, pour la population environnante, un réel danger.

« Je pense que, à cause de ces inconvénients, ce mode d'hospitalisation ne peut donc être employé que dans le cas où les besoins dépasseraient les prévisions; car, quand la guerre est déclarée, il est presque impossible de faire construire quoi que ce soit, et il faut se servir de ce qui existe.

« Il reste donc à examiner l'autre moyen d'hospitalisation, consistant à avoir en réserve un matériel d'ambulances pouvant être prêt immédiatement au premier besoin.

« Les qualités indispensables que doivent posséder ces ambulances sont nombreuses.

« En voici les principales :

« Transport facile ;

« Montage rapide ;

« Qualités hygiéniques réclamées par la science ;

« Possibilité d'être désinfectées d'une façon complète et presque instantanée.

« La *Société nouvelle de constructions*, système Tollet, s'est occupée depuis longtemps de chercher à remplir ce programme, et, au concours de baraques qui eut lieu à Anvers en 1885, elle obtint une des deux médailles d'or remises au jury par S. M. l'impératrice Augusta; l'autre médaille fut décernée à la baraque Doecker.

« Après avoir étudié tous les genres de baraques connus, je suis arrivé à cette conviction : que les tentes à double enveloppe sont supérieures, à tous égards, aux baraques, quelles qu'elles soient.

« En effet, les baraques, à l'exception de celles en fer imaginées par M. le docteur Félix, chirurgien en chef de la Croix rouge de Belgique, sont composées de matériaux susceptibles de s'infecter dès qu'on y place des malades, et elles ne peuvent subir qu'une désinfection fort peu sérieuse.

« Qu'il éclate dans une de ces baraques un cas de maladie contagieuse, ne serait-il pas dangereux, même après la désinfection sommaire dont elles sont seulement susceptibles, d'y replacer des malades ?

« Je sais fort bien qu'avec les traitements antiseptiques en usage aujourd'hui, on peut conjurer le danger de l'infection, grâce à des précautions extrêmes; mais il serait, sans doute, bien difficile de pouvoir les généraliser avec le nombre considérable de malades que la guerre engendrerait. Et, en tous cas, les chances de non-guérison sont malheureusement assez nombreuses pour ne pas les augmenter inutilement.

« Le montage et le démontage de baraques est beaucoup plus théorique que pratique.

« Une baraque qui vient d'être construite peut se monter plus ou moins facilement, mais une baraque qui sera restée en magasin peut-être des années, sera-t-elle dans les mêmes conditions?

« Le bois qui forme sa charpente ou les cadres de ses parois (car je ne suppose pas qu'il vienne à personne l'idée de préconiser et d'accepter la baraque tout en bois), n'aura-t-il pas joué, n'aura-t-il pas fait subir une déformation aux parois qui rendra sinon impossible, tout au moins très difficile son montage. Et son étanchéité ne sera-t-elle pas compromise?

« Affirmer le contraire serait bien téméraire.

« Les réparations, dira-t-on, sont toujours possibles. Tous ceux qui se sont occupés de constructions répondront que ces sortes de réparations sont souvent plus longues, plus difficiles et plus dispendieuses que de faire une baraque de toutes pièces.

« Aucun de ces inconvénients n'est à craindre avec les tentes.

« Leur montage et leur démontage sont instantanés. Vu leur poids et le cube très minime des matériaux qui les composent, leur transport est des plus faciles.

« Leur désinfection complète et absolue se fait en quelques minutes et donne pleine et entière sécurité.

« Leur double enveloppe préserve l'intérieur contre le froid et contre la chaleur. Leurs parois latérales peuvent se relever et former en été de larges vérandas; le malade se trouve ainsi à l'air libre.

« Leur chauffage est aussi facile que celui de n'importe quelle baraque.

« Leur ventilation peut être aussi active qu'on le désire, non seulement par les ouvertures que l'on prévoit, mais par suite de la respiration des parois.

« Leur plancher peut être surélevé au-dessus du sol, autant qu'on le juge utile.

« L'adjonction de fenêtres vitrées que l'on pose ou dépose à volonté, donne, par la vue de l'extérieur, la gaieté à l'intérieur qui leur manquait.

« Leur solidité est absolue et est obtenue sans le secours d'aucun piquet, cause de bien des accidents.

« Leur emmagasinage, pendant une durée illimitée, ne peut leur occasionner aucune détérioration, et on est certain, au premier besoin, de les trouver en excellent état.

« Enfin, le prix d'une tente est trois ou quatre fois moindre que celui d'une baraque; cette différence considérable ajoute encore une supériorité à toutes celles que je viens d'énumérer. Dans cette question, la pratique est entièrement d'accord avec la théorie.

« Pendant le siège de Paris, l'hospitalisation qui a donné les meilleurs résultats a été celle de l'ambulance (dite américaine) qui était formée d'une tente avec une simple enveloppe et ne possédait aucun des perfectionnements qui ont été apportés depuis à ce genre de construction.

« On peut consulter à ce sujet le travail et les statistiques contenus dans le *Dictionnaire de médecine et de chirurgie pratique*, à l'article : « Des éta-

« blissements hospitaliers en temps de paix et en temps de guerre », par le docteur Ch. Sarrazin, médecin principal militaire, professeur agrégé de la Faculté de médecine de Nancy, etc.

« De ce travail il ressort que l'hospitalisation dans des baraques a été moins mauvaise que l'hospitalisation dans les salles d'édifices quelconques, mais que l'hospitalisation sous tentes est celle qui a donné les meilleurs résultats.

« M. le professeur Jules Le Fort et un grand nombre d'autres très éminents hygiénistes ont également constaté la supériorité des tentes sur les baraques. »

M. le médecin-major SCHNEIDER dit que les Sociétés de secours, quelque riches qu'elles soient, ne peuvent avoir la prétention d'organiser partout des ambulances perfectionnées, composées uniquement d'un matériel de choix (tentes, lits, etc.)

La plupart du temps, il faudra tirer parti des ressources locales au point de vue de l'habitation et au point de vue de la literie ; c'est pour cela que les méthodes antiseptiques ont une importance capitale, car il s'agira d'obtenir de bons résultats malgré la défectuosité de l'installation. L'exemple fourni par la pratique de M. Lucas-Championnière prouve que, même dans un local infecté, on peut, avec le traitement antiseptique, obtenir de très bons résultats. Il ne faut pas oublier, quand on parle de la guerre de 1870, qu'à cette époque le pansement antiseptique n'existait pas.

M. le docteur BOULOUMIÉ appuie ces observations et dit que, grâce aux découvertes nouvelles, on est certain d'avoir de bons résultats. Les tentes Tollet constituent certainement un grand perfectionnement, mais on ne peut espérer avoir partout des tentes Tollet. Comme l'a fort bien dit M. le médecin-major Schneider, la plupart du temps il faudra employer les ressources qu'offriront les villes et les villages dans lesquels on se trouvera. C'est pour cela qu'au lieu de rechercher quel est le matériel le plus perfectionné, les Sociétés de secours feront bien d'étudier quel est le meilleur moyen de tirer parti des bâtiments qui existent partout.

M. J. FURLEY (Angleterre) appelle l'attention du Congrès sur l'avantage qu'il y aurait, pour une nation, à ne posséder que des brancards d'une même dimension, soit pour les ambulances militaires, soit pour les hôpitaux civils. L'orateur dirige, en Angleterre, un service qui transporte des blessés depuis l'Angleterre jusque sur le littoral de la Méditerranée. Ce service lui a permis d'acquérir une certaine expérience dans la question du transport des blessés, et de constater combien il est pénible, pour un malade, de changer de brancard. On réaliserait certainement un grand progrès en ayant dans chaque pays un brancard uniforme.

L'orateur, en terminant, appelle l'attention des membres du Congrès sur le concours de meubles et d'appareils destinés aux malades, qui a eu lieu à Berlin il y a quelques semaines. Il avait l'honneur d'être membre du jury, et il a remarqué des inventions très ingénieuses. Il appelle spécialement l'attention sur les meubles en bois du docteur Nicolaï.

M. le docteur Félix (Belgique) appuie les observations de M. Furley. L'unification générale des dimensions du brancard destiné à être mis en usage en temps de guerre, ou même en cas d'accidents graves de chemin de fer, serait une excellente mesure.

M. le médecin-major Schneider fait remarquer qu'en France et à l'étranger le service de santé militaire a des approvisionnements considérables de matériel. Si l'on voulait que tous les brancards eussent les mêmes dimensions, il faudrait que les Sociétés civiles, dont le matériel est moins important et moins complet, adoptassent les dimensions du brancard de l'armée.

M. le médecin principal de 1re classe Émery Desbrousses donne lecture d'une note sur l'organisation et le fonctionnement de l'œuvre des dons nationaux français au Tonkin :

« Le but des louables institutions de secours aux blessés et aux malades, comme cela a été répété maintes fois dans ce Congrès, est de porter remède, dans la limite du possible, aux effroyables désastres de la guerre.

« Avec le perfectionnement des engins destructeurs a grandi l'élan généreux de ces œuvres, et tous leurs efforts tendent à être à la hauteur du rôle de charité et de dévouement qu'elles se sont imposé.

« Mais là ne s'arrêtent pas leurs aspirations ; partout où se rencontre une souffrance à adoucir, une misère à soulager, on les trouve.

« Elles l'ont bien prouvé au Tonkin, où leurs dons en nature et en espèces n'ont cessé d'affluer.

« J'ai pensé qu'il ne serait pas sans intérêt de faire connaître ce que devenaient les envois charitables en Extrême-Orient et comment en était opérée la répartition.

« Permettez-moi donc de vous expliquer sommairement l'organisation et le fonctionnement de l'*Œuvre des dons nationaux*, au Tonkin.

« C'est M. Dujardin-Beaumetz, le directeur actuel du service de santé au Ministère de la guerre, qui a organisé et réglé, de toutes pièces, le fonctionnement de l'*Œuvre des dons nationaux*, pendant son séjour à Hanoï.

« Un Comité, composé de :

« MM. le Général en chef, *président d'honneur* ;
     le Directeur du service de santé, *président* ;
     le Major de la garnison d'Hanoï, }
     un officier d'administration,   } *membres,*

est chargé de toutes les opérations de réception, de conservation et de répartition des dons.

« Un local a été mis à la disposition du directeur du service de santé pour l'emmagasinage des approvisionnements. Des coolies, payés par les frais d'exploitation du service de santé, sont employés d'une façon permanente aux manutentions de conservation et de répartition des envois de France.

« Ceux-ci sont, à leur arrivée à Hanoï, remis à la direction du service de santé, qui les prend en charge et les entrepose jusqu'à la distribution.

« Depuis la cessation des grandes opérations militaires, l'importance de ces envois a nécessairement diminué ; cependant, nous pouvons affirmer que l'œuvre est en pleine prospérité et que les trois sociétés de secours aux blessés continuent à faire assaut de charité pour approvisionner le magasin d'Hanoï.

« La composition des envois est à peu près identique, quelle qu'en soit la provenance. Ce sont : des chemises de flanelle, chaussettes et caleçons; des conserves alimentaires. des vins de Bordeaux, des vins de quinquina ; de la farine Morton ; du lait concentré ; du tabac, des pipes ; des fournitures de bureau, etc., etc.

« Les objets les plus utiles sont les vêtements de flanelle, dont on fait une grande consommation dans tous les postes du Haut-Tonkin, où le froid est très sensible pendant l'hiver. Les vins généreux et tout particulièrement les vins de quinquina rendent aussi de grands services dans les infirmeries-ambulances, toujours encombrées d'hommes anémiés.

« En dehors du Comité central, certaines personnes de la colonie, femmes d'officiers ou de fonctionnaires, sont en relation avec des Comités des villes de France et en reçoivent directement les dons, qu'elles répartissent à leur gré.

« Ce système, qui a fonctionné à Hué, a cela de mauvais que ces dons ne sont distribués que dans l'entourage immédiat de la personne qui reçoit.

« L'appréciation des besoins étant surtout de la compétence des médecins, la répartition des dons est laissée au Directeur du service de santé, qui, sous le contrôle de la Commission, a toute initiative à ce sujet. C'est lui qui centralise les demandes des médecins ou des chefs de poste, apprécie, d'après les renseignements qu'il possède, la situation au point de vue sanitaire, et, en tenant compte, en outre, des ressources, donne les ordres d'expédition.

« En principe, les hôpitaux reçoivent très peu de dons, parce que leur organisation administrative permet de donner aux malades en traitement tout ce qui leur est nécessaire ; c'est surtout aux infirmeries-ambulances et aux petits postes que l'*Œuvre* vient en aide. Les livres seuls sont répartis entre les hôpitaux, qui ont tous un fonds de bibliothèque.

« Indépendamment des dons en nature, l'*Œuvre* a une réserve en numéraire d'environ 6,000 francs, qui est déposée dans la caisse du payeur d'Hanoï. C'est sur cette réserve que l'on prélève les menues dépenses qu'occasionnent l'entretien des approvisionnements, les frais de réparation aux jonques d'ambulance, les secours que, dans certaines circonstances, on accorde aux ordinaires de telle ou telle unité, comme à Lang-Son et à Vinh-Suy, lors d'une épidémie scorbutique, en 1887.

« A l'arrivée de chaque colis, le contenu en est inventorié et aussitôt inscrit au registre des entrées.

« En fin de mois, il est établi, en double expédition, un état récapitulatif des entrées ; cet état, signé par tous les membres de la Commission, est adressé au général en chef, qui conserve une des expéditions et transmet l'autre au Ministre compétent.

« Chaque expédition donne lieu à l'établissement des pièces suivantes :

« Une facture détaillée des objets composant l'envoi et un avis de transport, le tout en double.

« Lorsque les colis ont été confectionnés, ils sont remis au service des transports chargé de les faire parvenir gratuitement à destination ; l'agent du transit prend charge des colis et en donne décharge sur l'avis de transport. Cet avis, accompagné de la facture, est alors adressé, par la poste, au destinataire.

« A la réception, celui-ci vérifie la concordance entre sa facture et ce qu'on lui remet ; et, selon le cas, fait des réserves ou accuse réception sur la pièce de sortie qu'il renvoie à la Direction, où elle est mise à l'appui de l'inscription portée au registre des distributions. S'il y a eu perte ou avarie, la prise en charge des agents du transport permet d'établir les responsabilités.

« A la fin de chaque mois, les distributions sont totalisées comme les réceptions et transmises, ainsi que ces dernières, au général en chef et au Ministre, qui sont ainsi constamment tenus au courant des ressources de l'*OEuvre* et de l'emploi des dons.

« En fin d'année, il est produit, au général en chef, une situation financière faisant ressortir les dépenses faites, les sommes reçues et l'avoir définitif.

« Placé, pendant quelques mois, à la tête du service de santé du Tonkin, au moment du remplacement des troupes de la Guerre par celles de la Marine, je me suis empressé de faire établir la cote de salubrité des divers postes, au point de vue des trois grandes endémies qui désolent ce pays, l'impaludisme, la dysenterie et le choléra.

« Cette précaution a permis au commandement d'abandonner certains postes trop malsains et de prendre des mesures prophylactiques pour permettre aux soldats de vivre dans certains autres qu'il était absolument nécessaire d'occuper ; elle nous a servi aussi à répartir les dons dans les localités les plus insalubres.

« Ce sont les petits postes du Haut-Fleuve, de la rivière Noire, les plus abandonnés, les plus dépourvus de ressources, les plus malsains sur lesquels nous faisions de préférence diriger les caisses de vin, de vin de quinquina et de lait concentré.

« Un camp d'observation avait été créé dans le Delta, aux *Sept-Pagodes* : les troupes à rapatrier y étaient soumises à une quarantaine de quelques jours ; là, encore, il y avait des hommes fatigués, épuisés par les maladies, les marches et le climat ; là aussi d'abondantes distributions furent effectuées par les soins de l'*OEuvre*.

« Que d'existences ont été conservées grâce à ces réconfortants !

« Voilà ce qui a été fait par les femmes françaises à 4,000 lieues de la mère patrie.

« On peut juger par les services rendus de ceux qu'elles sont appelées à rendre.

« Qu'il me soit permis, en terminant ce court aperçu, de les remercier chaleureusement de leur inépuisable charité et de tout le bien qu'elles ont déjà fait à nos soldats. »

M. le Président remercie M. Émery Desbrousses de son intéressante communication.

Les conclusions du rapport de M. le docteur Duchaussoy sont adoptées à l'unanimité.

La séance est levée à six heures.

QUATRIÈME SÉANCE

le samedi 20 juillet 1889.

La séance est ouverte à **3** heures sous la présidence de M. le marquis DE VOGÜÉ.

Le procès-verbal de la précédente séance est lu et approuvé.

L'ordre du jour appelle la discussion des vœux relatifs aux prisonniers de guerre, proposés par M. Éd. Romberg à la séance précédente.

M. Édouard ROMBERG, rapporteur, rend compte du résultat de l'examen auquel s'est livrée la Commission des vœux, que le Congrès a chargée de formuler un avis sur les conclusions de son rapport, concernant la seconde question du programme.

La Commission, dans une séance à laquelle assistaient la plupart des membres du Congrès, a adopté à l'unanimité les conclusions relatives à la mission des sociétés de secours pour les prisonniers de guerre et aux mesures d'assistance proposées en faveur de ceux-ci. Mais des membres ont exprimé l'avis qu'il était préférable que le Congrès laissât en dehors de ses délibérations certains points qui touchent aux rapports entre belligérants, et qui sont d'une nature assez délicate. Ces questions sont plutôt du ressort des règlements militaires; elles pourront devenir l'objet d'une convention diplomatique internationale qui fera, pour les prisonniers de guerre, ce que la Convention de Genève a fait pour les blessés et les malades. Le Congrès peut d'autant mieux s'abstenir d'examiner ces questions, qu'elles n'ont pas rigoureusement trait aux œuvres d'assistance en temps de guerre.

Le rapporteur ajoute qu'il s'est rallié à cet avis, lequel n'implique d'ailleurs en principe, sur les points réservés, aucune contradiction avec les conclusions de son rapport.

La Commission a également admis un vœu qui lui a été proposé par M. le sous-intendant militaire Pesch, et qui a pour but de régler les conditions dans lesquelles les officiers prisonniers pourraient recevoir le complément de leur solde. Ce vœu a été appuyé par M. le commandant Josse et par les autres membres militaires du Congrès faisant partie de la Commission.

En conséquence, M. Éd. Romberg soumet à l'assemblée les propositions suivantes, au nom de la Commission :

Le Congrès émet le vœu :

a) *Que les sociétés de secours pour les prisonniers de guerre, régulièrement organisées et ayant pour objet d'être les intermédiaires de l'action charitable, reçoivent des gouvernements la protection et l'aide nécessaires, dans les limites tracées par les nécessités militaires et les règles administratives, pour qu'elles puissent réaliser de la manière la plus efficace leur tâche d'humanité;*

b) Qu'indépendamment d'autres mesures qui pourraient tendre à l'adoucissement du sort matériel et moral des prisonniers et dont les gouvernements prendraient l'initiative, ils facilitent l'envoi et la distribution, sous le contrôle de l'autorité militaire, des secours en habillements, linge, livres, etc., et qu'ils accordent la franchise des droits pour l'introduction de ces objets, dont le transport gratuit ou à prix réduit est recommandé à la bienveillance des compagnies de chemins de fer, etc.;

c) Que l'on accorde, dans les pays neutres, aussi bien que dans les pays belligérants, l'exemption des taxes postales pour les lettres, mandats et articles d'argent en faveur des prisonniers, et que l'on facilite leurs relations avec leurs familles, sous les réserves commandées par des nécessités supérieures;

d) Que des bureaux officiels de renseignements, pour les informations à réunir et à centraliser au sujet des morts, des blessés, des malades et des prisonniers, soient établis là où ils ne sont pas encore actuellement organisés, et que ce service soit également chargé du soin de rassembler, dans la mesure du possible, et de faire restituer aux familles des morts et aux blessés recueillis dans les hôpitaux, les objets leur appartenant, trouvés notamment sur les champs de bataille;

e) Que les officiers prisonniers puissent recevoir, par l'intermédiaire d'une puissance neutre, le complément, s'il y a lieu, de la solde qui leur est attribuée dans cette situation par les règlements nationaux, à charge de remboursement ultérieur par le gouvernement auquel ces officiers appartiennent.

M. le docteur DUCHAUSSOY craint que l'expression *sociétés régulièrement organisées* ne soit pas suffisamment précise. Il propose de la remplacer par l'expression : *sociétés reconnues par leurs gouvernements respectifs.*

M. ROMBERG fait remarquer qu'il y a des gouvernements qui s'abstiennent d'intervenir en ce qui concerne la constitution des sociétés d'assistance en cas de guerre, et que dès lors il est impossible d'admettre l'expression *sociétés reconnues.*

M. le docteur DUCHAUSSOY déclare ne pas insister sur son observation.

M. le médecin-major SCHNEIDER, au sujet du quatrième vœu proposé par M. Romberg, dit que le bureau des renseignements pour les blessés et malades va prochainement être réglementaire dans l'armée française. Quant à la remise des successions, elle est déjà prévue par les règlements sur le service de santé. Cette partie du service fonctionne depuis longtemps à la satisfaction de tous.

Les différents vœux rapportés par M. Romberg sont mis aux voix et adoptés à l'unanimité.

M. le commandant JOSSE dit que M. le Ministre de la guerre, dont il a l'honneur d'être un des représentants dans cette assemblée, l'a chargé d'exprimer ses vives sympathies pour les travaux du Congrès.

M. le Ministre de la guerre se propose de donner satisfaction à ceux des vœux formulés qui n'ont pas encore été réalisés en France, dans les limites commandées par les circonstances et par la sauvegarde des intérêts supérieurs qui lui sont confiés.

M. L. Renault propose au Congrès de voter des remerciments à M. Romberg pour le dévouement dont il a fait preuve en toutes circonstances, et notamment pendant la guerre de 1870, pour adoucir le sort des prisonniers de guerre. M. Romberg a rempli, avec les autres membres de la Société internationale de secours pour les prisonniers de guerre, un véritable apostolat, et a rendu des services considérables dont les familles des prisonniers doivent lui garder la plus grande reconnaissance. (*Applaudissements.*)

M. Romberg dit que les marques de sympathie du Congrès le récompensent au centuple du peu de bien qu'il a pu faire. (*Applaudissements.*)

L'ordre du jour appelle la discussion du rapport de M. le sous-intendant militaire Pesch sur la troisième question :

Assistance à donner aux femmes et aux enfants de soldats mobilisés en temps de guerre.

M. le sous-intendant militaire Pesch, breveté d'état-major, donne lecture de son rapport, ainsi conçu :

« Parmi les questions qu'embrasse, dans sa généralité, l'assistance en
« temps de guerre, l'une des moins étudiées jusqu'à ce jour est la suivante :

« Quels sont les moyens de venir en aide aux femmes et aux enfants des hommes mobilisés en temps de guerre ?

« En appelant l'attention du Congrès sur ce point, le comité d'organisation n'a pas cependant la prétention d'ouvrir une voie nouvelle.

« A son avis, si l'on a peu fait encore pour porter remède aux misères inévitables qui se produiraient au lendemain d'une déclaration de guerre, c'est qu'on a pensé tout d'abord à ceux qui doivent combattre aux frontières.

« D'un autre côté, depuis des siècles, et à part certaines époques de luttes glorieuses où la nation tout entière contribuait à la défense du sol envahi, la guerre était presque exclusivement le fait de soldats de métier ou d'hommes désignés par le sort, qui, séparés de leur famille pendant de longues années, lui devenaient, par cela même, plus ou moins étrangers. Ces soldats étaient presque toujours célibataires ; il en était de même de la plupart des officiers.

« Telle était la composition de l'armée française, il y a moins de vingt-cinq ans ; en 1870, bien que l'appel de la garde nationale mobile et des réserves ait amené sous les drapeaux un certain nombre d'hommes mariés, ces derniers n'en restaient pas moins en grande minorité. Pendant la guerre même, la préoccupation constante du Gouvernement fut de ne pas priver les familles de leurs chefs.

« Dans ces conditions, une déclaration de guerre ne pouvait produire des effets comparables à ceux qu'elle occasionnerait aujourd'hui. La masse de la nation considérait surtout la dépense qu'entraînait la guerre, mais trouvait ses sacrifices largement compensés par les succès de ses armées, et ne songeait même pas à les faire supporter par l'ennemi vaincu. L'état de guerre amenait, sans doute, un grand ralentissement dans les affaires, le commerce souffrait; mais, en somme, la vie nationale n'était pas arrêtée. L'armée, au lieu d'être dispersée dans ses garnisons, était sur la frontière ou à l'étranger; la nation s'intéressait avec un patriotisme ardent aux victoires de ses soldats, mais elle ne prenait part, en quelque sorte, que comme spectatrice à la guerre faite pour son compte. Seules, les familles d'officiers pouvaient, par suite du départ de leurs chefs, se trouver dans une situation précaire, à laquelle, d'ailleurs, on avait cherché à porter remède par le système des délégations, dont nous parlerons plus loin.

« En somme, en 1870, la population de la France a beaucoup souffert moralement, une grande quantité de familles ont été frappées dans leurs meilleures affections; mais le nombre de celles qui ont été privées de leurs chefs a été restreint, et les misères résultant de cette situation ont pu être facilement secourues.

« L'établissement d'une nouvelle loi militaire rendant le service obligatoire pour tous en temps de guerre devait modifier profondément les conditions dans lesquelles la guerre toucherait à l'avenir les intérêts privés. Dès le temps de paix, aux premières convocations de réservistes et de territoriaux, des besoins se produisirent, mais aucune disposition législative n'intervint.

« En 1878, la question fut portée, pour la première fois, à la tribune du Parlement français par MM. Boulard et de Colbert-Laplace, qui déposèrent des propositions de loi différentes quant à la forme, mais identiques quant au but à atteindre : venir en aide aux familles nécessiteuses des hommes de la réserve et de l'armée territoriale appelés sous les drapeaux. Toutefois, c'est en 1882 seulement que ces propositions aboutirent à une loi, sur le rapport de M. Beauquier, à la Chambre, et de M. le colonel Meynadier, au Sénat.

« La loi du 22 décembre 1882 laissa aux communes le soin de secourir les familles nécessiteuses privées momentanément de leurs chefs appelés sous les drapeaux, et les autorisa à s'imposer extraordinairement à cet effet, mais dans des limites déterminées.

« C'est avec raison, suivant nous, que le Parlement français a repoussé la théorie de l'*État Providence* (1) préconisée par certains de ses membres.

« Seules, en effet, les municipalités sont à même de connaître les familles réellement dans le besoin, seules elles peuvent les secourir rapidement; d'autre part, la dépense restant à la charge de la commune, on est en droit de supposer que toutes les demandes injustifiées seront impitoyablement écartées.

« Bien que la loi du 22 décembre 1882 n'ait été votée que pour le temps de paix, il est évident qu'en temps de guerre ses dispositions seraient appli-

___

(1) Rapport de M. Beauquier. Chambre des députés. Documents parlementaires, p. 1339, année 1882.

cables, mais il est à craindre que les ressources qu'elle met à la disposition des municipalités ne soient souvent insuffisantes, et, en tout cas, inégalement réparties par rapport aux besoins, puisqu'elles dépendent de la richesse des communes.

« Mais si l'intervention de la commune est la seule qu'il soit possible d'admettre officiellement, rien n'empêche l'initiative privée de concourir au soulagement des misères résultant d'une mobilisation générale. C'est précisément la conclusion qui s'impose à la suite de l'étude de cette question ; nous la résumerons ainsi :

« Il est indispensable de faire appel à tous ceux qui, ayant réfléchi aux conséquences de l'état de guerre, pensent, comme nous, qu'il est patriotique d'organiser, dès le temps de paix, le service d'assistance, et de fonder une Société dite : *de secours aux familles nécessiteuses privées de leurs chefs ou de leurs soutiens en temps de guerre.*

« Quant à la méthode à suivre pour grouper toutes les bonnes volontés, nous sommes convaincus qu'il suffirait à la Société nouvelle de prendre exemple sur les diverses sociétés de secours aux blessés qui ont obtenu de si magnifiques résultats, et ont su réunir dans une même pensée charitable tant de patriotiques dévouements.

« Nous ne saurions entrer ici dans les détails d'organisation. Nous dirons toutefois qu'à notre avis chaque canton devrait posséder un comité, secondé soit par des sous-comités communaux, soit au moins par des délégués dans chaque commune. Le travail et la propagande seraient centralisés par un comité siégeant au chef-lieu du département.

« Enfin, un comité central assurerait l'unité de direction et serait chargé en temps de paix de la gestion de l'avoir de la Société.

« Quant aux fonds provenant soit de dons, soit de cotisations, ils resteraient pour la plus grande partie, les deux tiers par exemple, la propriété des comités départementaux, auxquels ils seraient expédiés d'urgence au moment de la déclaration de guerre ; la portion disponible permettrait au comité central de secourir des misères exceptionnelles se produisant sur certains points du territoire.

« En temps de paix, on n'accorderait aucun secours ; les dépenses se borneraient aux frais indispensables de publicité ; le surplus serait placé en réserve, et de telle sorte que les fonds puissent être réalisés au moment du besoin, rapidement et sans aléa.

« C'est également au Comité central qu'il appartiendrait de déterminer d'une manière générale les conditions à remplir par les familles ou les individus pour être reconnus susceptibles d'être assistés.

« Bien qu'il soit difficile d'établir une classification absolue, ceux-là seuls, en principe, devraient être secourus qui, hors d'état de pourvoir à leur subsistance, se trouveraient dans une situation nécessiteuse par suite de l'appel sous les drapeaux d'un fils, d'un mari ou d'un père appartenant à la disponibilité, à la réserve ou à l'armée territoriale.

« Il importe de contrôler rigoureusement l'exactitude des déclarations

7

faites à l'appui des demandes de secours ; l'entente patriotique et féconde qui ne manquera pas de s'établir entre les comités et les municipalités permettra seule d'éviter des abus regrettables.

« Nous avons dit plus haut qu'en France l'administration de la guerre (1) avait cherché, par l'institution des délégations, à atténuer les conséquences du départ en campagne d'un officier chef de famille ; nous croyons devoir donner quelques détails à ce sujet.

« On entend par délégation la faculté accordée à un militaire en campagne de faire abandon d'une partie déterminée de sa solde au profit d'une personne désignée par lui.

« L'exercice du droit de délégation vient d'être tout récemment l'objet d'une nouvelle réglementation conçue dans le sens le plus large et le plus libéral ; de plus, cette faculté, réservée jusqu'alors aux seuls officiers, a été étendue à certaines catégories de sous-officiers.

« Les nouvelles dispositions réglementaires peuvent se résumer ainsi qu'il suit :

« Les officiers faisant partie d'une armée mobilisée sont autorisés à déléguer en faveur de leurs femmes, de leurs ascendants et de leurs descendants, jusqu'à concurrence de la moitié de la solde du grade dont ils sont pourvus au moment du départ ; ils peuvent également souscrire au profit de toute autre personne des délégations dont le montant ne doit jamais excéder le quart de cette solde.

« Les sous-officiers rengagés ou commissionnés ont le droit de déléguer au profit de leurs femmes, de leurs ascendants et de leurs descendants :

« 1° Le montant de la haute paye dont ils sont en possession ;

« 2° Leur indemnité de logement ;

« 3° Suivant le cas, leur gratification annuelle ou l'intérêt trimestriel auquel ils peuvent avoir droit pour prime de rengagement.

« La durée de ces délégations est déterminée par le délégant ; elles cessent de plein droit du jour où le fonctionnaire chargé du payement est avisé du décès, si elles sont faites en faveur des femmes, des ascendants et des descendants, et du jour du décès pour les autres délégataires.

« Toutefois, la veuve et les orphelins délégataires d'un officier ou sous-officier décédé peuvent, après la notification de ce décès, obtenir sur leur demande, adressée au fonctionnaire désigné plus haut, des avances mensuelles remboursables et égales aux quatre cinquièmes de la pension ou du secours annuel auquel ils pourraient avoir droit d'après le grade du mari ou du père décédé. Ces avances peuvent être payées aux veuves et aux orphelins jusqu'à la délivrance de leur titre de pension ou de secours annuel. Les sommes ainsi payées, à titre d'avance, sont retenues sur le montant de la pension, après liquidation. Dans le cas où des sommes auraient été payées pour une période postérieure au décès, à titre de délégation aux ascendants, et à titre de délégation et d'avance à des veuves ou à des orphelins délégataires, qui

____

(1) Une organisation analogue existe dans la marine.

n'auraient pas droit à une pension ou à un secours annuel, ces sommes doivent être reversées au Trésor par les parties prenantes, à moins que le Ministre, sur l'avis du général commandant le corps d'armée ou la région, ne juge que les sommes ainsi perçues doivent être abandonnées, à titre de secours, aux familles des militaires décédés, et, par suite, être mises à la charge de l'État.

« On voit, par les dispositions bienveillantes qui précèdent, qu'en France l'administration de la guerre a permis à tous les officiers de l'armée active, de la réserve et de l'armée territoriale et aux sous-officiers rengagés ou commissionnés, de mettre, dans une certaine mesure, leurs familles à l'abri du besoin pendant leur absence.

« Jusqu'à ce jour, aucune décision n'a été prise chez nous en ce qui concerne le traitement à allouer aux fonctionnaires civils mobilisés et pourvus ou non d'un grade dans la réserve ou dans l'armée territoriale.

« Nous croyons cependant que cette question très délicate, mais qui ne concerne qu'indirectement le département de la guerre, n'a pas été perdue de vue par qui de droit; et, si nous la mentionnons ici, c'est en raison du grand intérêt qu'elle présente, et avec le vif désir de la voir tranchée à bref délai.

« En ce qui concerne les appels du temps de paix, une solution est intervenue : l'article 1er de la loi du 1er juin 1878 porte que :

« Les militaires de la réserve et de l'armée territoriale autres que ceux
« mentionnés à l'article 53 de la loi du 13 mars 1875 (1) cumuleront en temps
« de paix les traitements ou pensions dont ils jouissent avec la solde et les
« prestations qui leur sont attribuées pendant les exercices ou manœuvres
« auxquels ils sont convoqués. »

« Si, comme nous le pensons, des mesures sont prises en faveur des fonctionnaires civils, il y aurait lieu, à notre avis, de leur étendre le bénéfice du droit de délégation, qui serait exercé par l'intermédiaire de l'administration dont ils font partie.

« En résumé, pour l'assistance à donner aux familles nécessiteuses en temps de guerre, l'initiative privée s'est laissé devancer en France. Jusqu'à ce jour, sous l'influence des souvenirs de la dernière guerre, elle a consacré tous ses efforts à l'organisation des secours aux blessés, et elle a obtenu, sous ce rapport, des résultats dont elle a le droit d'être fière.

« Mais, aujourd'hui, il lui serait certainement possible d'étendre le champ de son activité. Le but que nous lui proposons n'a point l'attrait des dangers à courir ou des fatigues à supporter : il n'en est pas moins digne de tenter les âmes généreuses.

« Aussi avons-nous confiance dans l'avenir d'une œuvre dont l'objet serait d'augmenter la valeur morale des soldats, en leur donnant l'assurance que ceux qu'ils aiment et qu'ils ont quittés sont à l'abri du besoin. Nous sommes convaincus que la Société, dont nous souhaitons la création, trouvera de haut et puissants patronages, qu'elle groupera de nombreux adhérents, pressés de

---

(1) Personnel administratif permanent et soldé de l'armée territoriale.

regagner le temps perdu, qu'enfin elle prouvera une fois de plus par son succès tout ce qu'une vaillante nation peut faire, *par la charité, pour la patrie.* »

Le rapporteur propose à l'assemblée d'émettre le vœu suivant :

Le Congrès émet le vœu :

a) *Que dans chaque pays il se fonde, dès le temps de paix, une Société dite de secours aux familles nécessiteuses privées de leurs chefs ou de leurs soutiens en temps de guerre.*

b) *Que dans le cas où, par suite de dispositions bienveillantes, les fonctionnaires civils mobilisés continueraient à percevoir pendant la durée de la guerre tout ou partie de leur traitement civil, il leur soit accordé la faculté de déléguer ce traitement en totalité ou en partie à leur famille ou à une personne désignée par eux. (Applaudissements.)*

M. le docteur Félix (Belgique) dit que les applaudissements unanimes qui viennent de saluer ce travail prouvent que tous les membres du Congrès, sans exception, font des vœux pour la réussite de l'œuvre proposée par M. le sous-intendant militaire Pesch. Une œuvre qui a quelque analogie avec l'assistance que M. Pesch voudrait créer a fonctionné en 1870. A cette époque, la Belgique n'a pas songé seulement à soulager les blessés ; elle a pensé qu'elle devait faire davantage, et, par l'initiative de M. le comte de Mérode, il s'est formé à Bruxelles une société qu'on a appelée le *Comité du pain.* Cette société a eu pour mission d'envoyer toutes sortes de subsistances aux familles des soldats.

Dès que le siège de Paris a été levé, le bourgmestre de Bruxelles, M. Anspach, est entré à Paris sur la locomotive même du train qui apportait 50,000 kilogrammes de farine aux Parisiens.

Le secrétaire de ce comité, en récompense de ses services, a eu l'honneur de recevoir du Gouvernement français la croix de chevalier de la Légion d'honneur.

Le *Comité du pain* n'est pas dissous ; il existe toujours, et il est prêt, le cas échéant, à faire de nouveau son devoir. (*Applaudissements.*)

M. Romberg rappelle, à ce sujet, les secours du même genre distribués au même moment par la colonie américaine. MM. Th.-W. Evans et Washburn en tête.

M. le Président dit que la France n'a pas oublié les services que la Belgique et la colonie américaine lui ont rendus au jour de ses malheurs ; mais il est évident que, pour soulager des misères aussi grandes que celles qui se produiraient le lendemain d'une déclaration de guerre, à côté de l'intervention de l'État, il faut faire appel à l'initiative privée. C'est pour cela que le vœu que propose M. le sous-intendant militaire Pesch mérite à tous égards d'être approuvé par le Congrès. (*Applaudissements.*)

Les vœux formulés par M. le sous-intendant militaire Pesch sont mis aux voix et adoptés à l'unanimité.

L'ordre du jour appelle la discussion du rapport de M. le chef d'escadron

Josse, breveté d'état-major, détaché à l'état-major du Ministre de la guerre, sur la quatrième question :

Assurances destinées à fournir immédiatement un capital aux veuves et aux enfants des militaires morts à la guerre.

M. le chef d'escadron JOSSE donne lecture de son rapport ainsi conçu :

« L'accroissement progressif des armées modernes et les transformations qu'a subies leur recrutement, en faisant peser plus lourdement qu'autrefois les charges militaires sur toutes les classes de la société, ont donné partout un puissant essor aux institutions philanthropiques ayant pour but de soulager les maux inévitables que la guerre entraine après elle.

« Les gouvernements se sont, pour la plupart, associés, dans la limite de leurs ressources budgétaires, à ce généreux élan de la charité privée. Dans plusieurs États, des dispositions législatives ont été prises pour assurer la subsistance des familles des hommes appelés sous les drapeaux, les tarifs des pensions militaires ont été revisés et notablement augmentés ; de grands efforts ont été faits pour améliorer la situation matérielle et morale de tous ceux appartenant à l'armée à un titre quelconque.

« Malgré les progrès incontestables accomplis pendant ces dernières années, il reste encore bien des lacunes à combler dans cet ordre d'idées.

« L'une des plus importantes est celle qui a trait à la situation pénible dans laquelle se trouvent, le plus souvent, les veuves et les orphelins pendant la période qui s'écoule entre le décès du chef de famille et l'époque du payement des premiers arrérages de la pension qui leur est attribuée, c'est-à-dire pendant l'accomplissement des formalités nécessaires à la liquidation de la pension.

« Cette période critique, qui dure plusieurs mois et ne semble pas pouvoir être sensiblement abrégée, en raison des garanties dont doit être entourée l'inscription des pensions sur le Grand-Livre de la dette publique, entraine presque toujours pour les familles une gêne momentanée et occasionne parfois d'irréparables malheurs.

« Pressées par le besoin, ces familles se trouvent dans la pénible obligation de solliciter des secours, soit de la part de l'État, soit de la part des nombreuses sociétés de bienfaisance existant actuellement ; mais le caractère aléatoire de ces secours ne permet pas, le plus souvent, de conjurer une ruine imminente, et d'ailleurs beaucoup hésitent à se soumettre aux démarches indispensables pour les obtenir.

« Depuis longtemps déjà, l'attention publique a été attirée sur la situation si intéressante des familles d'officiers qui, par suite du décès de leur chef, se trouvent passer brusquement d'une existence honorable, quoique presque toujours modeste, à la gêne, pour ne pas dire à la misère.

« De généreux esprits se sont ingéniés à remédier à ce triste état de choses, et l'on peut citer actuellement plusieurs États où l'on a réussi, quoique par des moyens bien différents, à mettre immédiatement à la disposition des familles de militaires, un petit capital leur permettant d'attendre, soit la liquidation des pensions auxquelles elles peuvent avoir droit, soit l'accomplissement des recherches nécessaires pour se créer de nouveaux moyens d'existence.

« En Autriche-Hongrie, par exemple, à la mort d'un officier en activité ou en retraite, sa famille reçoit immédiatement une somme égale au triple de la mensualité de la solde ou de la pension de retraite dont il jouissait; elle conserve en outre le droit au logement en nature ou à l'indemnité représentative, jusqu'à la fin du terme suivant celui du décès. D'autre part, la solde et la pension de retraite étant payées par mois et d'avance, la famille bénéficie ainsi d'une fraction plus ou moins considérable de la solde du mois du décès.

« Dès le quatrième mois qui suit le décès, la veuve et les orphelins entrent en jouissance de leurs pensions qui sont également payées par mois et d'avance.

« La législation sur les pensions, récemment remaniée en Autriche-Hongrie, présente d'ailleurs un certain nombre de dispositions remarquables, toutes basées sur la pensée de proportionner les ressources allouées aux besoins prévus, de manière à assurer aux familles des militaires un certain minimum d'aisance. C'est ainsi que la femme d'un lieutenant, restée veuve avec cinq enfants mineurs, touchera la même pension que la veuve d'un colonel mort sans postérité ou ne laissant que des orphelins majeurs.

« Le problème résolu si libéralement par le gouvernement en Autriche-Hongrie, semble l'avoir été d'une manière aussi heureuse aux États-Unis, par la société d'assurance mutuelle appelée *Army mutual aid association*, fondée en 1879, à Washington.

« Cette association est organisée sur le modèle des sociétés d'assurances sur la vie, et ses revenus sont alimentés par les cotisations des officiers qui en font partie. Les comptes, ainsi que tous les renseignements nécessaires, sont centralisés, et constamment tenus à jour, à l'État-major général.

« Aussitôt que le chef d'État-major général est avisé d'un décès, il fait envoyer par le trésorier-secrétaire de la Société un mandat télégraphique à la personne qui doit toucher l'argent et dont le nom est nettement indiqué sur la police d'assurances passée par l'officier.

« Grâce à ces précautions, le secours aux héritiers est soldé dans un délai qui n'a jamais jusqu'ici dépassé vingt-quatre heures.

« Tout officier ou assimilé peut devenir membre de la Société, à condition d'avoir moins de cinquante ans d'âge, de présenter un certificat de bonne santé délivré par un médecin, et d'être accepté par la Commission exécutive ainsi composée : un président, un vice-président, un secrétaire-trésorier et deux membres, tous élus par l'assemblée générale annuelle des sociétaires.

« Chaque nouveau sociétaire, au moment de son admission, verse d'abord un droit d'entrée égal à un demi-dollar pour chaque année écoulée depuis sa naissance, plus une certaine prime, variable avec son âge.

« Au commencement du mois d'avril de chaque année, les membres de la Société sont divisés en neuf classes : la première comprend ceux âgés de

moins de trente ans, et la neuvième ceux âgés de soixante-cinq ans et au-
dessus.

« La cotisation annuelle varie de 2 dollars (soit environ 10 francs) pour la
première classe, à 6 dollars (soit environ 30 francs) pour la neuvième classe.

« A la mort d'un membre, le trésorier prélève, d'après les règlements de
la Société, la valeur d'une cotisation sur le compte de chaque sociétaire sur-
vivant; la somme ainsi formée est employée de la manière suivante :

« Elle est versée intégralement aux héritiers, lorsqu'elle ne dépasse pas une
proportion de 3 dollars par sociétaire.

« S'il en est autrement, elle est divisée en deux parties :

« La première, de 3.000 dollars, est versée aux héritiers;

« La seconde, comprenant tout ce qui reste après le prélèvement des
3,000 dollars, est conservée par la Société et inscrite au chapitre des excédents de recette.

« D'après les renseignements fournis par le rapport relatif à l'année 1887,
la situation de la Société serait très prospère.

« Au 1er janvier de cette année-là, elle avait à son actif 6.093.634 dollars
et comptait 975 membres.

« D'après le total des cotisations s'élevant à 3.470 dollars, la Société a été
en mesure de payer pendant le cours de l'année 16 secours de 2,925 dollars
chacun (soit environ 14,625 francs).

« Mais, si l'on tient compte des excédents de recettes encaissés, on est en
droit d'affirmer qu'en réalité elle aurait pu en solder 19 et même 20, sans
avoir à demander des primes supplémentaires aux survivants.

« Les règlements admettent une mortalité annuelle de 1.5 p. 100; si elle
dépasse cette proportion, des primes supplémentaires peuvent être exigées.

« Si au contraire, cette proportion de décès de 1.5 p. 100 n'est pas atteinte,
l'excédent des primes payées au commencement de l'année est porté au crédit
de chaque sociétaire, et sert à couvrir les suppléments qui pourraient être
exigés au cas où la mortalité dépasserait 2 p. 100.

« Toutefois, en temps de guerre, la commission exécutive peut disposer des
fonds de la manière qu'elle juge la plus profitable aux intérêts des assurés.

« Il existe en Espagne une société analogue à l'*Army mutual aid association*, dont l'organisation et le fonctionnement viennent d'être sommairement
exposés.

« Cette société, qui fonctionne depuis 1881, ne comprend que des officiers
appartenant ou ayant appartenu à l'arme de l'artillerie.

« Placée sous le patronage du général directeur de l'artillerie, elle a pour
but de pourvoir à la fois aux frais des obsèques de ses membres décédés et
aux premiers besoins de leurs familles.

« La cote funéraire versée par la Société à la famille de l'officier décédé,
et sur laquelle doivent être prélevés en premier lieu les frais des funérailles,
a été fixée au taux uniforme de 2.000 francs. Cette somme est incessible et
insaisissable, et ne peut, sous aucun prétexte, servir à payer les dettes du
défunt.

« Lorsqu'un sociétaire vient à décéder, chacun des membres survivants est tenu de verser une cotisation, variable avec les grades, depuis 2 francs pour les lieutenants, jusqu'à 15 francs pour les lieutenants généraux.

« Il ne peut y avoir plus d'un appel de cotisation par mois, sauf dans le cas d'une guerre ou d'une épidémie.

« Dans ces circonstances, le Conseil d'administration peut, si la situation de la caisse l'exige, demander des versements mensuels consécutifs jusqu'à concurrence de la somme nécessaire pour compléter la réserve.

« En temps ordinaire, la caisse de la Société doit avoir en réserve 3 cotes funéraires, soit 6,000 francs en numéraire métallique ; en cas de guerre ou d'épidémie, cette réserve peut être portée au double.

« La situation de la Société, qui compte aujourd'hui plus des deux tiers des officiers de l'artillerie espagnole, est florissante. Dès 1887, le total des cotisations recueillies lors d'un décès dépassait de près d'un tiers la cote funéraire à payer ; à cette époque, dans la période correspondant à 100 décès, 130 cotes funéraires environ étaient encaissées. Depuis lors, le nombre des sociétaires s'est accru et permettra peut-être à l'association d'augmenter la somme remise aux familles, ou d'abaisser le taux de la cotisation.

« On peut signaler aussi la société de secours pour les veuves et les orphelins des médecins militaires de l'armée austro-hongroise, et quelques-unes des nombreuses Sociétés Winkelried de la Suisse.

« Il existe actuellement en France trois sociétés militaires d'assurance mutuelle : l'Association de prévoyance des adjoints du Génie, l'Association de prévoyance des contrôleurs d'armes et des gardes d'Artillerie, et enfin la Caisse du Gendarme, de création récente ; mais ces trois sociétés n'étendent leur action bienfaisante que sur des parties restreintes de l'armée active.

« La question de la création d'une Société militaire d'assurance mutuelle englobant tous les corps et services de l'armée, a cependant été déjà soulevée à plusieurs reprises, et notamment en 1875.

« A cette époque, la réorganisation de l'armée nationale préoccupait tous les esprits, et plusieurs hommes éminents, qui joignaient à une compétence technique indiscutable la philanthropie la plus éclairée, avaient proclamé la nécessité de compléter les moyens matériels d'action de la nouvelle armée par une série de dispositions tendant à affranchir les militaires des soucis inhérents aux charges de famille et à accroître ainsi leur force morale.

« Le *Bulletin de la Réunion des officiers* du 1er semestre 1875 renferme à ce sujet plusieurs études intéressantes.

« Toutes font ressortir l'impossibilité dans laquelle se trouve le militaire ou, pour mieux préciser, l'officier, de s'imposer, sur les faibles ressources dont il dispose, des sacrifices pécuniaires fort lourds, pour payer des primes d'assurance sur la vie, et des surprimes encore plus élevées en cas de guerre.

« Elles préconisent, en conséquence, la création de sociétés d'assurance mutuelle ayant pour but :

« 1° D'améliorer la situation des associés vivants, particulièrement au moment de leur mise à la retraite, par la constitution de capitaux ou, au besoin, de rentes viagères ;

« 2° De garantir à leur décès, produit par quelque cause que ce soit, un capital déterminé payable à leurs héritiers ou ayants droit.

« Il y a lieu de remarquer, en effet, qu'en France, et dans quelques autres pays, la législation en vigueur n'admet au droit à pension que les veuves et les orphelins, à l'exclusion de tous les autres héritiers naturels. Le cas est fréquent cependant où des militaires sont les uniques soutiens de leurs parents, voire même de leurs grands-parents, ou bien de frères ou de sœurs, âgés, infirmes ou tombés dans le malheur.

« Ces déshérités de la loi n'ont d'autre ressource, en cas de décès de leur soutien, que le recours aléatoire à la générosité de l'État et des diverses associations de bienfaisance.

« La même législation est appliquée aux marins, et, d'ailleurs, tout ce qui est dit dans le présent rapport sur l'armée de terre s'applique également à l'armée de mer.

« L'auteur de l'un des travaux publiés dans le *Bulletin de la Réunion des officiers* a même établi un projet très étudié de société d'assurance mutuelle spéciale aux officiers de vaisseau.

« Il a démontré, dans un nouvel article publié dans la *Revue maritime et coloniale* du mois de novembre 1883, la possibilité pour les officiers dont il s'agit, moyennant le payement d'une prime modique, proportionnée à leur traitement :

« 1° De laisser à leurs héritiers naturels, en cas de décès au cours de leur activité, un capital de dix mille francs (10,000 francs) ;

« 2° De se ménager pour eux-mêmes, en cas de survie au moment du règlement de leur pension, une ressource semblable.

« Ce double but a été atteint au moyen de l'association coopérative en cas de décès, combinée avec l'association tontinière, et en admettant que tous les officiers de vaisseau fissent partie de la Société.

« Un projet analogue a été élaboré par un employé supérieur du Ministère de la marine, dont la généreuse philanthropie a été éveillée par le spectacle même des navrantes infortunes que ses fonctions lui permettent de dévoiler, pour ainsi dire, chaque jour. Mais la modestie de l'auteur n'a pas encore permis la publication de cet intéressant travail.

« Enfin, la *Revue de l'Intendance militaire* publie actuellement un travail très intéressant de M. l'intendant Baratier, sur un projet de création d'une Association coopérative militaire, et qui traite incidemment de la possibilité d'améliorer le sort des retraités, des veuves et des orphelins, au moyen des excédents de recettes provenant des bénéfices de l'œuvre.

« En résumé, on peut admettre aujourd'hui que la possibilité du bon fonctionnement d'une société militaire d'assurance mutuelle est pratiquement démontrée aux États-Unis, en Espagne, en Autriche-Hongrie et en France.

« Dans ces conditions, et en présence du succès qui couronne toujours les efforts d'une coopération éclairée, le moment semble venu de faire appel au concours de tous ceux qui s'intéressent au sort des militaires et à celui de leurs familles, pour activer la création de sociétés analogues.

« Les bases sur lesquelles ces sociétés pourraient être fondées paraissent devoir être les suivantes :

« 1º Elles ne renfermeraient que des officiers ou assimilés, en activité de service.

« En effet, les militaires de l'armée active autres que les officiers, ceux de la réserve et de l'armée territoriale ne passent, pendant la paix, qu'un temps très limité sous les drapeaux. On ne saurait équitablement leur demander le versement de primes pendant les longues années qui peuvent s'écouler avant une guerre et pendant lesquelles ils appartiennent à la vie civile. Exerçant dans cette situation des professions plus ou moins lucratives, ou jouissant de revenus personnels, beaucoup d'entre eux peuvent, d'ailleurs, s'assurer aux compagnies civiles existantes ou s'adresser aux institutions de l'État (caisses de retraite pour la vieillesse, par exemple);

« 2º Moyennant le payement de primes annuelles aussi modiques que possible et dont le taux varierait avec le grade, elles devraient permettre de garantir à tout officier :

« *a*) En cas de décès, pour quelque cause que ce soit, le payement d'un capital fixe, dans un délai de vingt-quatre heures, à sa veuve, à ses enfants ou à ses autres parents désignés dans la police d'assurance.

« Les frais des funérailles seraient toutefois prélevés sur ce capital, et, sous cette réserve, le reliquat serait incessible et insaisissable.

« *b*) Soit le payement d'un capital fixe ou d'une rente viagère à l'assuré lui-même, au moment de sa mise à la retraite.

« En élargissant le programme des sociétés, on aura, ce semble, plus de chances de réunir un grand nombre d'adhérents : le sentiment de la prévoyance qui tend à se développer de plus en plus se trouvera ainsi sollicité chez beaucoup d'officiers qui ne resteront pas insensibles à la perspective de pouvoir améliorer, soit leur propre situation au moment de leur mise à la retraite, soit celle de leur famille en cas de décès;

« 3º Il y aurait lieu de demander, en faveur des sociétés militaires d'assurance mutuelle, le concours bienveillant de l'État pour l'administration de ces sociétés et la gestion de leurs fonds.

« Ce concours bienveillant devrait se traduire par l'exemption de tout impôt et la gratuité de la gestion, de manière que les frais indispensables fussent aussi restreints que possible ;

« 4º Ces sociétés devraient être autorisées à accepter des dons et des legs.

« C'est là une disposition très importante, qui faciliterait la constitution d'un fonds de réserve indispensable à des associations appelées à fonctionner au milieu de toutes les éventualités. »

Le rapporteur termine en proposant le vœu suivant :

Le Congrès émet le vœu que la création de sociétés militaires d'assurances mutuelles, englobant tous les corps et services des armées de terre et de mer, et autorisées à recevoir des dons et legs, soit généralisée le plus promptement possible, avec le concours bienveillant des gouvernements. (*Applaudissements.*)

M. l'officier premier Torrès Campos (Espagne) dit que l'Espagne possède, pour l'armée, diverses sociétés de secours mutuels dans lesquelles, moyennant le payement d'une prime évaluée à 1/2 p. 100 du traitement, on assure à la famille de l'officier, en cas de décès, une somme variant entre 1,500 et 2,000 francs.

Cette somme est destinée à faire face aux frais funéraires et à parer aux premiers besoins.

De plus, depuis quelques années, chaque corps militaire se charge de l'éducation des orphelins de ses officiers. Mais tout le monde reconnaît qu'il y a plus à faire. La question soulevée par M. le commandant Josse et celle qui a été présentée par M. le sous-intendant militaire Pesch sont intéressantes au premier chef. L'orateur, dès qu'il sera rentré dans son pays, appellera sur ces points l'attention des hommes compétents, et s'efforcera de faire réussir les idées généreuses émises par ses camarades de l'armée française. (*Applaudissements.*)

M. le colonel Wilson (Pays-Bas) dit que dans l'armée hollandaise il y a une institution analogue à celle dont a parlé M. Torrès Campos. Chaque officier donne 1 franc par mois ; à son décès, sa veuve reçoit de 700 à 800 florins.

Les veuves qui ont de la fortune refusent ce secours, lequel, dans ce cas, augmente le capital de la caisse.

Toutes les sommes sont centralisées entre les mains des officiers payeurs, de telle sorte qu'il n'y a presque pas de frais généraux.

M. le sous-intendant militaire Pesch estime que les mesures que propose M. le commandant Josse sont très pratiques pour le temps de paix. Elles peuvent également donner d'excellents résultats en Espagne, en Belgique, en Hollande, c'est-à-dire dans des pays qui auront probablement la bonne fortune de ne pas être entraînés dans une grande guerre européenne.

Mais la situation est toute différente en France, où une guerre est destinée à faire disparaître un grand nombre d'officiers. Si l'on veut non pas seulement promettre un capital, mais tenir sa promesse, il faudrait exiger des cotisations importantes et peu en rapport avec la solde modeste des officiers.

Quant aux institutions destinées à venir en aide aux enfants des militaires, la France n'est pas en retard. En effet, à côté des établissements de la Légion d'honneur (Saint-Denis, Écouen, les Loges), destinés aux jeunes filles, il existe pour les garçons le collège de La Flèche et diverses écoles d'enfants de troupe. L'État accorde, en outre, chaque année, un certain nombre de bourses dans les lycées et collèges.

M. Sacri demande à M. le sous-intendant militaire Pesch de ne point oublier l'orphelinat Hériot, dans lequel sont élevés un grand nombre d'enfants de sous-officiers, caporaux et soldats. Cet orphelinat est dû à la générosité d'un ancien officier de l'armée française.

M. le sous-intendant militaire Pesch répond qu'en effet la création du commandant Hériot fait le plus grand honneur à son fondateur, et rend des services considérables à l'armée.

M. Torrès Campos (Espagne) dit qu'en parlant de ce qui se fait en Espagne, il n'a nullement eu la pensée de méconnaître les institutions analogues qui existent en France.

Il n'a parlé de ce qui se passe en Espagne que parce que M. le commandant Josse, dans son rapport, y avait fait une allusion flatteuse.

M. le sous-intendant militaire Pesch répond que, de son côté, il n'a rappelé l'existence des écoles créées en France en faveur des enfants des militaires que pour montrer que la France s'efforce de marcher dans la même voie que les autres nations.

Revenant au rapport de M. le commandant Josse, l'orateur exprime la crainte qu'en cas de guerre la société d'assurance mutuelle se trouve dans l'impossibilité de donner ce qu'elle aurait promis. Ainsi qu'il a eu l'honneur de l'exposer au Congrès dans son rapport, les dispositions du règlement, relatives aux délégations que peuvent faire les officiers en campagne, donnent à leurs veuves et à leurs enfants le droit de percevoir, après notification du décès, les quatre cinquièmes de la pension ou du secours annuel auquel ils auront droit après liquidation.

Quant au système préconisé par M. le commandant Josse, l'orateur le trouve excellent pour le temps de paix, mais il estime qu'en temps de guerre des sociétés de secours mutuels peuvent seules fonctionner, en raison du grand nombre d'infortunes qu'il faudra soulager.

M. le commandant Josse reconnaît toute l'utilité des sociétés de secours mutuels ; celles qui existent actuellement, telles que l'Association des élèves de l'École polytechnique, la Saint-Cyrienne, la Société de secours pour les veuves et orphelins des officiers du génie, etc., rendent de grands services aux familles des militaires. Mais ce qu'il propose, c'est la création de sociétés d'assurances, destinées à constituer un droit et à éviter aux familles toute démarche pénible.

M. le Président fait remarquer que M. de Kerlanguy, sous-directeur de la Compagnie d'Assurances générales, est présent à la séance. Il l'invite à donner son sentiment sur la proposition de M. le commandant Josse.

M. de Kerlanguy dit qu'il a écouté avec le plus vif intérêt la proposition de M. le commandant Josse. Il lui est difficile de se prononcer sur une question aussi délicate sans une étude approfondie : car, pour établir des primes mathématiques, il faut, avant tout, avoir sur la mortalité des statistiques exactes. Mais la Compagnie d'Assurances générales est toute disposée à prêter son concours et à aider de son expérience les personnes désireuses d'examiner à fond cette question.

M. le Président dit que la proposition de M. le commandant Josse est destinée à jeter un germe d'où sortira une institution éminemment utile.

Le vœu proposé par M. le commandant Josse est mis aux voix et adopté à l'unanimité.

M. Delacrose demande à attirer l'attention du Congrès sur l'assistance en cas de guerre, applicable à l'armée de mer.

Les sociétés de secours aux blessés paraissent être spécialement destinées à l'armée de terre. C'est qu'en effet, lorsqu'il s'agit de l'armée de mer, les conditions ne sont plus les mêmes. Sur terre, on peut ramasser le blessé ; sur mer, ce ne sont pas seulement les blessés, mais encore des hommes en pleine santé qui auront besoin d'assistance.

Pour venir au secours des marins, après une bataille, il faudra un personnel d'un dévouement hors ligne et d'une compétence spéciale. Ce personnel, on le recrutera facilement parmi les vieux marins ; mais, pour le matériel, la question est plus complexe. Aujourd'hui, quand un navire fera naufrage, il disparaîtra tout entier et d'un seul coup. Il n'y aura plus, comme du temps des navires en bois, ces masses d'épaves auxquelles les naufragés pouvaient s'accrocher. De plus, le champ de bataille sera excessivement étendu, car les navires de guerre, après avoir fait le plus de mal possible à l'ennemi, chercheront dans leur vitesse le moyen d'éviter ses coups.

Dans ces conditions, les sauvetages seront très difficiles à organiser. Il faudrait équiper des navires spéciaux, possédant à leur bord un très grand nombre d'embarcations légères, et ayant les aménagements nécessaires pour soigner les blessés. Ces navires, qu'il conviendrait de disposer de façon qu'ils ne soient pas confondus avec les navires combattants, pourraient, après le combat, faire le tour des escadres, recueillir les blessés et les malades, et essayer de sauver les naufragés.

L'orateur reconnaît que la question soulève des difficultés complexes, même internationales ; peut-être le vœu qu'il sollicite du Congrès sera-t-il de nature à en hâter la solution.

Ce vœu est ainsi conçu :

Le Congrès rappelle avec instance à l'attention de toutes les sociétés de secours l'étude et la mise en pratique des meilleurs moyens de venir en aide aux victimes des combats sur mer.

En raison des difficultés très grandes et de toute nature que doit nécessairement rencontrer la solution de ce problème humanitaire, le Congrès émet le vœu que toutes les sociétés s'unissent dans un accord commun :

1° Pour la recherche des voies et moyens ;

2° Pour la réalisation du but à atteindre, tant au point de vue du personnel qu'à celui du matériel ;

3° Pour l'adoption ou la proposition aux gouvernements des divers pays des mesures générales ou particulières qu'il y aurait lieu de prendre. (Applaudissements.)

M. le Président appuie le vœu de M. Delacrose. Il reconnaît que cette question soulève des difficultés de toute nature, et surtout des difficultés diplomatiques, car la convention de Genève ne s'applique pas aux guerres maritimes.

Il y a de grands efforts à faire, et c'est aux gouvernements qu'il appartient de prendre l'initiative ; mais un mouvement d'opinion, tel qu'il se dégagera des délibérations de ce Congrès, ne peut qu'engager les différents gouvernements à entrer dans cette voie d'humanité. (*Applaudissements.*)

Le vœu proposé par M. Delacrose est adopté.

M. le colonel Wilson (Pays-Bas) propose le vœu suivant :

Le Congrès émet le vœu que l'abus du brassard soit prévenu au moyen d'un livre d'identité sur lequel figureraient le nom, le numéro et le signalement du porteur, ainsi que sa photographie.

Tout homme revêtu du brassard devra être porteur d'un livret contenant son portrait avec son numéro d'identité pointillé dans le portrait.

Des pénalités seraient édictées contre tous ceux qui violeraient ces règles.

M. le docteur J. Félix (Belgique) appuie le vœu du colonel Wilson. Il importe que toute personne se présentant sur un champ de bataille pour soigner les blessés puisse faire constater facilement son identité par les autorités militaires. Cette question fait depuis longtemps l'objet d'études tant de la part des sociétés de secours que de la part du Comité international de la Croix rouge de Genève, qui en a même mis la solution au concours.

La direction générale du service de santé de la Croix rouge de Belgique s'en occupe activement.

Le vœu présenté par M. le colonel Wilson est adopté.

M. le général Péan propose le vœu suivant :

Le Congrès émet le vœu que les plaques d'identité des militaires soient disposées de manière à faciliter, lors des exhumations, la constatation de l'identité des exhumés.

Mme Kœchlin-Schwartz propose d'ajouter à ce vœu le paragraphe suivant :

Les plaques d'identité pourraient se diviser en deux parties, dont l'une serait recueillie par le service de santé sur le champ de bataille, et l'autre laissée sur le corps.

Le vœu de M. le général Péan est adopté à l'unanimité, ainsi que le paragraphe additionnel proposé par Mme Kœchlin-Schwartz.

M. LE PRÉSIDENT, après avoir constaté que toutes les questions inscrites à l'ordre du jour ont été discutées et ont fait l'objet de vœux du plus haut intérêt, remercie le Congrès de l'attention soutenue dont il a fait preuve pendant ces quatre séances. En ouvrant ce Congrès, M. le Président avait exprimé la pensée que sa tâche serait facile. Son espérance a été dépassée. il serait malaisé de trouver une assemblée dans laquelle les discussions aient eu lieu avec plus de cordialité.

Pour sa part, il emportera un souvenir profond de l'honneur que les membres du Congrès lui ont fait en l'appelant à les présider et de la bienveillance qu'ils lui ont témoignée pendant tout ce débat. Il espère que les membres étrangers emporteront, eux aussi, un bon souvenir des relations qu'ils ont nouées en France.

.J. le Président termine en exprimant aussi un vœu : c'est que la paix dure longtemps (*Applaudissements*), et que la génération actuelle n'ait pas à faire appel aux secours de toute sorte que les sociétés d'assistance s'efforcent de créer.

Si, par malheur, les événements venaient démontrer une fois de plus la fragilité des combinaisons humaines, du moins, grâce aux progrès faits par le service de santé militaire et la direction du service de santé au Ministère de la guerre, grâce aux efforts de toutes les sociétés de secours qui rivalisent entre elles de zèle et qui sont prêtes à accomplir leur noble tâche, grâce à tous ces dévouements, les services d'assistance seront assurés.

M. le Président termine en remerciant les délégués étrangers du concours qu'ils ont apporté aux travaux du Congrès. (*Applaudissements.*)

M. Romberg, au nom du Congrès, remercie M. le Président de l'impartialité bienveillante avec laquelle il a présidé ses délibérations. (*Applaudissements.*)

M. le colonel Wilson, au nom de son collègue, M. Matak Fontein, médecin en chef de la marine néerlandaise, et au sien, remercie M. le Président et MM. les membres du Congrès de l'accueil cordial qui leur a été fait. Il va rentrer dans son pays, bien convaincu que la vieille urbanité française n'a jamais été plus florissante et plus aimable. Un des souvenirs les plus chers de son séjour à Paris sera l'honneur d'avoir fait la connaissance des dames qui ont créé les diverses sociétés d'assistance aux blessés militaires, et en particulier de celles qui l'ont nommé membre correspondant de leur Association. (*Applaudissements.*)

M. le docteur Félix (Belgique), au nom de son pays, remercie tous les membres du Congrès pour l'accueil qu'il y a reçu. (*Applaudissements.*)

M. le Président prononce la clôture du Congrès.

La séance est levée à six heures.